Dimitrios Kalaitzidis

Intentionale Wahrnehmung und Autismus

Eine philosophische Analyse

disserta
Verlag

Kalaitzidis, Dimitrios: Intentionale Wahrnehmung und Autismus: Eine philosophische
Analyse, Hamburg, disserta Verlag, 2014

Buch-ISBN: 978-3-95425-774-4
PDF-eBook-ISBN: 978-3-95425-775-1
Druck/Herstellung: disserta Verlag, Hamburg, 2014
Covermotiv: © laurine45 – Fotolia.com

Bibliografische Information der Deutschen Nationalbibliothek:
Die Deutsche Nationalbibliothek verzeichnet diese Publikation in der Deutschen
Nationalbibliografie; detaillierte bibliografische Daten sind im Internet über
http://dnb.d-nb.de abrufbar.

Das Werk einschließlich aller seiner Teile ist urheberrechtlich geschützt. Jede Verwertung außerhalb der Grenzen des Urheberrechtsgesetzes ist ohne Zustimmung des Verlages unzulässig und strafbar. Dies gilt insbesondere für Vervielfältigungen, Übersetzungen, Mikroverfilmungen und die Einspeicherung und Bearbeitung in elektronischen Systemen.

Die Wiedergabe von Gebrauchsnamen, Handelsnamen, Warenbezeichnungen usw. in diesem Werk berechtigt auch ohne besondere Kennzeichnung nicht zu der Annahme, dass solche Namen im Sinne der Warenzeichen- und Markenschutz-Gesetzgebung als frei zu betrachten wären und daher von jedermann benutzt werden dürften.

Die Informationen in diesem Werk wurden mit Sorgfalt erarbeitet. Dennoch können Fehler nicht vollständig ausgeschlossen werden und die Diplomica Verlag GmbH, die Autoren oder Übersetzer übernehmen keine juristische Verantwortung oder irgendeine Haftung für evtl. verbliebene fehlerhafte Angaben und deren Folgen.

Alle Rechte vorbehalten

© disserta Verlag, Imprint der Diplomica Verlag GmbH
Hermannstal 119k, 22119 Hamburg
http://www.disserta-verlag.de, Hamburg 2014
Printed in Germany

Für Katerina

Danksagung

Mein aufrichtiger Dank gilt Herrn PD Dr. Dr. Jacob E. Mabe, der durch seine Zustimmung, Anregung und Kritik zur Verdeutlichung des Gedankengangs der vorliegenden Arbeit wesentlich beigetragen hat. Mein Dank gilt auch den betreuten Kindern und ihren Familien, die mir erlaubt haben sie in ihrem Leben zu begleiten und über sie zu berichten. Besten Dank an Herrn Dr. med. Dieter Schmidt für seinen Rat aus medizinischer und psychoanalytischer Sicht. Danken möchte ich schließlich noch meiner Frau, Dipl.-Psych. Katerina Attalla, für ihre fachlichen Anregungen und ihre Unterstützung.

Inhaltsverzeichnis

Danksagung 9

Inhaltsverzeichnis 11

1   Einführung 13

2   Grundlagen des Autismus 15

   2.1   Historischer Überblick 15
   2.2   Der Autismus als Gegenstand der Psychologie 18
   2.3   Persönliche Erfahrungen 22

3   Phänomenologie der Wahrnehmung 31

   3.1   Phänomenologie der Wahrnehmung und Autismus 43
   3.2   Formen von Wahrnehmungen 46
   3.3   Emotionalität und Bewusstsein 47
   3.4   Intentionale Aspekte 54

4   Die Ethische Grundhaltung in der Betreuungsarbeit 56

5   Zusammenfassung und Ausblick 61

Endnoten 63

Literaturverzeichnis 72

1 Einführung

Wer nach der Bedeutung des Autismus fragt, sieht sich fast nur mit medizinisch-biologischen sowie psychologischen Erklärungsmustern konfrontiert.[1] Dabei wird der Autismus als eine schwere Entwicklungsstörung in der Sprache und sozialen Kommunikation aufgefasst, die unter die Kategorie der angeborenen sowie unheilbaren Krankheiten subsumiert wird. Autisten gelten sodann als Menschen mit Wahrnehmungs- und Kommunikationsproblemen. Abgekapselt vom sozialen Umfeld versinken sie in ihr Innenleben.[2]

Nach medizinisch-psychiatrischen Kriterien ist der Autismus bereits im dritten Lebensjahr diagnostizierbar. Sind neuropsychologische Befunde symptomatisch für ein psychisches Leiden, reichen sie allerdings nicht aus, um die tatsächlichen Handicaps der Wahrnehmung bei Kindern und Jugendlichen mit autistischen Verhaltensweisen adäquat zu untersuchen. Denn die Wahrnehmung ist kein passives Moment der Sinne, sondern ein aktiver Prozess der Informationsaufnahme, der von einem Komplexreiz über die Sinnesorgane im zentralen Nervensystem koordiniert und verarbeitet wird. Die Wahrnehmung versetzt sodann den Menschen in die Lage, sich der Sinnesorgane zu bedienen, um mit seiner Umwelt und Mitmenschen zu kommunizieren oder in Kontakt zu treten.

Die Dinge der Welt sehen, hören (Fernsinne), fühlen, riechen, (Nahsinne) schmecken, sie einverleiben und auf sie wirken, gehören ebenso zu den Mechanismen der Wahrnehmung wie das Sammeln von Eindrücken und Erfahrungen. Die Wahrnehmung ermöglicht daher den Zugang zur Innen- und Außenwelt und verhilft nicht zuletzt zum Erkennen von sehr komplexen Zusammenhängen. Ob dieser komplexe Prozess beim frühkindlichen Autismus tatsächlich nicht möglich ist und woran dies liegt, soll in den nächsten Kapiteln aus der Perspektive der Philosophie näher beleuchtet werden.

In der Philosophie wird die Wahrnehmung einerseits als eine Manifestation eines objektiven Vorgangs (Perzeption), d.h. das Abbild der objektiven Realität im Bewusstsein beschrieben. Dabei handelt es sich um die Aufnahme sowie die

Verarbeitung der aufgenommenen sensorischen Reize (Umwelt- und Körperreize) bis zu ihrem Antreffen im Gehirn. Mit der Objektivität ist nichts anderes als die adäquate Widerspieglung der Gegebenheiten der Wirklichkeit der Welt im menschlichen Geist gemeint. Andererseits ist der Vorgang der Wahrnehmung subjektiv (Apperzeption) insofern, als die Verarbeitung der Sinneseindrücke zu subjektiven Empfindungen und damit zur individuellen Ausgestaltung des Wahrgenommenen führt. Mit anderen Worten, das subjektive Erleben erfolgt durch Verankerung des Leibes in der Sinnenwelt. Die Subjektivität stellt daher die Grundlage und die Voraussetzung für das Lernen, das Sprechen und die geistige Entwicklung dar.

Die vorliegende Arbeit geht folgenden Fragen nach: Ist die neuropsychologische Diagnostizierbarkeit des infantilen Autismus als Wahrnehmungsstörung philosophisch begründbar? Kann eine Sozialisation unter normalen und humanen Bedingungen eine positive Veränderung der geistigen Entwicklung der Kinder hin zu einer autonomen (selbst bestimmten) Lebensführung bewirken? Welche Rolle kann dabei eine philosophisch-praktische Betreuung spielen? Zur Untersuchung dieser Fragen werden phänomenologische Reflexionsmethoden sowie persönliche Erfahrungen in der praktischen Arbeit mit betroffenen Kindern herangezogen. Diese Abhandlung verfolgt das Ziel, ein neues Verständnis des Autismus über alle Stereotype und Vorurteile hinweg zu erreichen.

2 Grundlagen des Autismus

2.1 Historischer Überblick

Mit den Untersuchungen von Jean Itard (1774-1838) über einen vermeintlich wilden im Wald gefundenen Jungen im Jahr 1799 begann die wissenschaftliche Erforschung an Menschen ohne soziale Kontakte. Jean Itard selbst war von Beruf Arzt und Taubstummenlehrer. Aus seinen Berichten über das Verhalten der „wilden" Kinder zogen die späteren Psychiater und Psychologen parallele Symptome mit autistischen Verhaltensweisen: Unverständliche Sprechlaute, Selbstbezogenheit, Aggressionen.

Doch erst Eugen Bleuler (1857-1939) schuf den Begriff des Autismus, den er der Schizophrenie zuordnete.[3] Dabei setzte er sich ebenso mit der Psychoanalyse von Sigmund Freud wie mit Fragen der geistigen Gesundheit und Krankheit intensiv auseinander.[4] Den Autismus bezeichnete Bleuler als einseitige und eingeengte Selbstbezogenheit sowohl im Denken, als auch in zwischenmenschlichen Beziehungen. Bleuler stellte immer wieder fest, dass seine schizophrenen Patienten den Kontakt mit der sozialen Umwelt stets abbrachen, sich aus ihrer Lebenswelt zurückzogen und sich von der Realität abwandten. Danach sprachen sie noch kaum (Mutismus) und bewegten sich nicht mehr (Stupor).

Obschon Bleuler psychische Erkrankungen diagnostizierte, konnte er sie aus Mangel an medikamentösen Mitteln, die damals nicht vorhanden waren, nicht klinisch therapieren. So griff er ausschließlich auf persönlichen Kontakt mit seinen Patienten, auf seine Zuneigung zu ihnen zurück und erreichte damit eine Verbesserung der Krankheitssymptome. Nach dem Ausklingen eines schizophrenen Schubes erlangten die Patienten wieder ihre Sprache und Mobilität. Dadurch lag nahe, dass auch der Autismus ein Grundsymptom der Zurückgezogenheit und Distanzierung war, das behebbar ist. Denn nach dem Ausklingen des schizophrenen Schubes erlangten die Patienten ihre Sprache und Mobilität wieder. Diese positive Erfahrung trug u. a. nicht zuletzt zur Abschaffung von klassischen Irrenanstalten, in denen die mentale Situation der Betroffenen nur schlechter wurde bei.

Nach Bleuler war Leo Kanner (1896-1981) der erste Kinderpsychiater, der den frühkindlichen Autismus unabhängig von der Schizophrenie beschrieb. Bei seiner Untersuchung wies er ein eigenständiges Krankheitsbild bei Kindern auf, das er in einem 1943 veröffentlichten Artikel als „frühkindlichen Autismus" (early childhood autism) bezeichnete.[5] Als charakteristisch für diese Kindererkrankung nannte Kanner die Kontaktstörungen, die Selbstbezogenheit und die fehlende interpersonale Kommunikation. In der gleichen Zeit wies 1944 der Kinderpsychiater Hans Asperger (1906-1980) in einem Aufsatz auf ähnliche, mit Bleuler vergleichbare, Verhaltensweisen bei Kindern mit vermeintlich geistigen Behinderungen hin. Er bezeichnete dieses Erscheinungsbild als „autistische Psychopathie".[6]

Asperger bescheinigte diesen Kindern Intelligenz, merkte aber zugleich an, dass sie große Schwierigkeiten hatten, sich an die soziale Umgebung anzupassen oder den Kontakt mit anderen Menschen aufzunehmen. Ihnen sei zudem die pedantische Sprache gemeinsam, auch wenn sie besondere Interessen und Fähigkeiten auf einzelne Gebiete hätten. Trotz einiger Meinungsverschiedenheiten sind sich die Experten darüber einig, dass Kanner (in den USA) und Asperger (in Österreich) ihre Erkenntnisse unabhängig von einander gewonnen haben, da sie weder voneinander wussten noch wegen des Weltkrieges keinerlei Kontaktmöglichkeit gehabt hatten.

Da sich die beiden Positionen widersprachen, wurden sie in der Wissenschaft stets voneinander abgegrenzt. Erst seit den Arbeiten von Lorna Wing[7] wird die autistische Psychopathie (das sog. Asperger Syndrom) und der frühkindliche Autismus Kanners als Kontinuum betrachtet.

In neuerer Zeit hat sich der Autismusbegriff erheblich ausgeweitet. So wird der frühkindliche Autismus heute als eine Form einer Autismus - Spektrum – Störung (ASS) aufgefasst. Es wird ein Kontinuum gedacht, das je nach Intensität der Ausprägung vom frühkindlichen Autismus bis zu dem Asperger-Syndrom reicht.

Allgemein werden drei Typen von Autismusspektren (frühkindlicher Autismus, atypischer Autismus, Asperger-Syndrom) unterschieden, die ineinander übergehen, wobei die Übergänge innerhalb des Autismusspektrums als auch zur „Normalität" fließend sind.

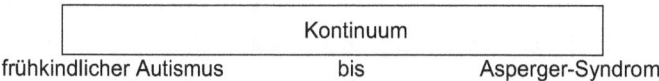

frühkindlicher Autismus   bis   Asperger-Syndrom

Zusammengefasst sind die auf Kanner und Asperger zurückgehenden und für die Wissenschaft relevanten Hauptmerkmale des Autismus

- die Unfähigkeit, Beziehungen aufzubauen
- die Verzögerung in der Erntwicklung von Sprache
- der nicht kommunikative Gebrauch der gesprochenen Sprache
- das Beharren auf Unveränderlichkeit
- die Unbeherrschbarkeit und die damit verbundene Neigung zu Wutanfällen
- die Unfähigkeit zu pluraler Wahrnehmung.

Doch diese dem Autismus heute zugeschriebenen Merkmale stützen sich nicht auf organ-medizinische Befunde, sondern werden aus reinen Beobachtungen abgeleitet. Ist der frühkindliche Autismus eine tiefer greifende Entwicklungsstörung, so hängt sie auch mit den Schwächen in der sozialen Interaktion und Kommunikation sowie stark ritualisierten Verhaltensweisen zusammen. Die Zurückgezogenheit ist nichts anderes als das Ergebnis einer unerträglichen Form der sozialen Isolation.

Zurückgezogenheit, in sich gekehrtes, eingeschränktes und auf sich selbst bezogenes Verhalten lässt die betroffene Kinder in einer unerträglichen Form der Isolation leben. So schreibt am 21.09.1992 Birger Sellin in seinem Buch „ich will kein in mich mehr sein":

„reden tut gut / tierisch ist das gebrüll / wieso kann ich es nicht lassen / einfach alles in einfachen worten alles sagen / ich dichte erst jetzt ein lied über die freude am sprechen / ein lied für stumme autisten zu singen in anstalten und / irrenhäusern / nägel in astgabeln sind die instrumente / ich singe das lied aus der tiefe der der hölle / und rufe erklärt den gesang zu eurem lied und rufe / alle stummen dieser welt / erklärt den gesang zu eurem lied / taut die eisigen mauern auf / und wehrt euch ausgestoßen zu werden / wir wollen eine neue generation der stummen sein / eine scharr mit gesängen und neuen liedern / wie es die redenden noch nicht vernommen haben / unter allen dichtern fand ich keinen stummen / so wollen wir die ersten sein / und unüberhörbar ist unser gesang / ich dichte für meine stummen schwestern / für meine stummen brüder / und soll man hören und einen platz geben wo wir unter / euch alle wohnen dürfen / in einem leben dieser gesellschaft."[8]

Dieses meist von ihrer Umwelt nicht Verstandene und schwer zu Ertragende lässt betroffene Eltern und Geschwister aus Scham in einer anderen Form der Isolation leben. In Betroffenen - Selbsthilfegruppen versuchen sie einen Raum zu finden, ihrer Sprachlosigkeit eine Form zu geben.

2.2 Der Autismus als Gegenstand der Psychologie

In der Psychologie wird die Autismus- Spektrum- Störung als eine Verhaltensstörung oder eine Dysfunktion bei der Weiterleitung der Informationsüberträger (Signale im Gehirn) aufgefasst. Es wird heute davon ausgegangen, dass dem Autismus eine genetisch bedingte Störung zu Grunde liegt. In intensiven neurologischen Forschungen konnte aber bis heute keine strukturelle oder funktionale Störung des zentralen Nervensystems festgestellt werden, die autismusspezifisch wäre.[9] Die Störung wird über das Verhalten definiert. Dabei bezieht man sich auf Kinder, die nicht fähig sind, ihre Gefühle sprachlich auszudrücken oder auf andere Menschen bewusst zuzugehen. Abgesperrt gegen das soziale Milieu, versinken sie in ihrer eigenen Gedankenwelt. In der gegenwärtigen Autismusforschung geht man von einer Trias der Hauptstörungsbereichen: Soziale Interaktion, verbale und nonverbale Kommunikation und Imagination aus.[10]

In seinem Vortrag in der internationalen Konferenz für Bindung und frühe Störungen der Entwicklung vom 24. und 25. Oktober 2009, die an der Ludwig-

Maximilians-Universität in München stattfand, berichtete David Oppenheim[11] über Ergebnisse seiner Forschungsarbeiten, wonach er und sein Team in Haifa (Israel) herausfanden, dass autistische Kinder entgegen früherer Ansichten sehr wohl Bindungen zu ihren Bezugspersonen entwickeln. Eine bedeutende Anzahl, beinahe die Hälfte, entwickeln sogar eine sichere Bindung. Damit sieht er Beobachtungsstudien aus den 1980ern bestätigt.

In Verbindung mit der Wahrnehmung wird autistischen Kindern eine schwache zentrale Kohärenz unterstellt. Unter schwacher Kohärenz versteht man einen Wahrnehmungsstil, der detail bezogen ist. Es wird die komplexe Information nicht kontextuell als Ganzes im Gesamtzusammenhang wahrgenommen.[12] Die bevorzugte Aufnahme und Verarbeitung von Einzelheiten führt zu Schwierigkeiten beim Erfassen, Einordnen und Verstehen von Zusammenhängen, was eine Schwäche im kontextuellen und begrifflichen Denken impliziert. Aus der Erfahrung lässt sich sagen, dass gerade Kinder mit autistischen Problemen mehr detail - orientiert sind, als dass sie holistisch wahrnehmen. Sie fühlen, riechen, hören, sehen sehr intensiv, ohne ihren Empfindungen eine Bedeutung oder Ausrichtung geben zu können. Diese Seinsweise beeinträchtigt ihre sozialen Interaktionen.

Eine andere Form von Wahrnehmungsbesonderheit bei autistischen Kindern ist, nicht mit den fünf Sinnesorganen gleichzeitig operieren zu können. Einzelne Reize aus den verschiedenen Wahrnehmungskanälen werden nicht miteinander kombiniert, sodass nur ein Wahrnehmungsmodus benutzt wird.[13] Die Synästhesie ist eine Wahrnehmungsbesonderheit, die bei Künstlern wie auch bei hochbegabten Autisten und Savants (frz.: Wissende) vorkommt: Vermischung von Informationen aus verschiedenen Sinneskanälen. Daniel Tammet, der zu den Savants zählt, schreibt dazu:

„Zahlen sind meine Freunde und sie sind ständig um mich. Jede ist einzigartig und hat ihre ganz eigene "Persönlichkeit". Elf ist freundlich und fünf ist laut, während vier still und schüchtern ist".[14] Interessant ist, dass Daniel Tammet zu seiner mathematischen Begabung mit Hilfe der Synästhesien innerhalb kürzester Zeit Fremdsprachen erlernen konnte. So lernte er isländisch in einer Woche.

Wie bereits angedeutet, hat sich das medizinische Bild des Autismus seit Leo Kanner erheblich verbessert. Kanners Erkenntnisse brachten nicht nur grundlegende Reformen der diagnostischen Verfahren sowie der therapeutischen Maßnahmen, sondern führten auch zu einer Abkehr von pauschalen oder vagen Fallbeschreibungen. Seitdem wird der Autismus in der medizinischen Psychiatrie und Psychologie als eine schwere und chronisch verlaufende, tiefgreifende Entwicklungsstörung aufgefasst, die bei Kindern spätestens bis zur Vollendung des dritten Lebensjahres auftritt. Dabei handelt es sich um „eine tiefgreifende Beziehungs- und Kommunikationsstörung, welche die Kinder unfähig macht, zu anderen Personen, selbst zu den eigenen Eltern, ein normales emotionales Verhältnis herzustellen."[15]

Zusammengefasst wird den autistischen Kindern folgende Eigenschaften zugeschrieben:

- soziale Zurückgezogenheit
- abnorme Beziehung zu Gegenständen, zu Menschen und zu sich selbst
- in der sozialen Interaktion mangelndes Interesse an und abweisendes Verhalten zu Erwachsenen und Kindern
- keine Freundschaften und kein affektives Eingehen auf andere
- im Spielverhalten kein Blickkontakt, Anlächeln oder Nachahmung kein imaginatives Spiel
- repetitives und stereotypes Verhalten und Bewegungen
- in der Kommunikation keine Zeigegeste, Nicken oder Kopfschütteln
- echolalische bzw. keine funktionale Sprache, sprachliche Rituale oder Ausbleiben von Sprache. [16]

Psychologisch gesehen beeinträchtigt der Autismus die geistige Entwicklung[17] eines Kindes und wirkt sich sehr negativ auf die soziale Interaktion sowie auf seine Beziehungs- und Kommunikationsgestaltung aus. Hinzu kommen qualitative Einschränkungen der zwischenmenschlichen Beziehungen und sonstigen Aktivitäten sowie zahlreiche Verhaltensauffälligkeiten, die besonders für das Umfeld im alltäglichen Umgang mit dem Kind sehr belastend sind. Nicht zuletzt zu erwähnen sind Symptome wie Essstörungen, Schlaf- und Reinlichkeitsprobleme, Aggressivität, Selbstverletzungen etc., die den Familien und sozialen

Betreuern oft schwer zu bewältigende Schwierigkeiten bereiten. So muss sich das gesamte Umfeld von Kindern mit Autismus darauf gefasst machen, für einen in seiner Selbständigkeit sehr eingeschränkten Menschen die volle Verantwortung während seines ganzen Lebens zu tragen.

Zur Operationalisierung von psychischen Störungen und Krankheiten orientieren sich Wissenschaft, Forschung und Praxis an der 10. Ausgabe der International Classifikation of Desease (ICD-10) der Weltgesundheitsorganisation.[18] Der frühkindliche Autismus wird nach dem psychiatrischen Klassifikationssystem ICD-10 den gravierenden Entwicklungsstörungen und nicht mehr, wie früher, den Psychosen zugerechnet. Es ist eine essentielle Entwicklungsstörung in den Bereichen der motorischen, sprachlichen, kognitiven und sozialen Funktionen.

Internationalen Studien zufolge befinden sich von 10.000 untersuchten Kindern zwischen vier und achtzehn im Autismusspektrum, wobei Jungen drei- bis viermal häufiger betroffen sind als die Mädchen.[19] Dabei wird zudem deutlich, dass der frühkindliche Autismus unabhängig von der ethnischen oder sozialen Zugehörigkeit vorkommt, da Kinder aller Nationalitäten und Schichten davon betroffen sind. Spricht man nun vom frühkindlichen Autismus, so wird damit die Behinderung oder die Störung in der Sprache, der Wahrnehmung und der Verarbeitung von Informationen verbunden. Nach John K. Wing liegt ein Autismus vor, wenn ein Kind nicht imstande ist, visuelle und auditive Sinneseindrücke sinngemäß so zu verarbeiten, wie dies bei den als normal sich entwickelnden Kindern der Fall ist. Aus dem Autismus scheinen sich unvermeidbare Kommunikationsprobleme zu ergeben, Verhaltensabnormitäten und emotionale Schwierigkeiten, die wiederum eine Anhäufung sekundärer Behinderungen zur Folge haben.[20]

Neben dieser psychischen Beschreibung gibt es hinsichtlich der Ätiologie[21] eine Tendenz hirnorganische Ursachen für den Autismus verantwortlich zu machen. Nach Joachim Bauer wird vermutet, dass der autistischen Störung „eine Funktionseinschränkung verschiedener Spiegelneuronensysteme zu Grunde liegt. Allerdings ist unklar, ob es sich um eine primäre Dysfunktion im Bereich der biologischen Grundausstattung handelt oder ob autistische Kinder in den

Monaten nach ihrer Geburt, warum auch immer, weniger Gelegenheit zu wechselseitiger, spiegelnder Kommunikation hatten. Es ist möglich, dass beides eine Rolle spielt."[22] Um so wichtiger ist die Früherkennung und intensive Frühförderung von betroffenen Kindern sowie eine Entlastung der Eltern. Gleichwohl wird versucht, die Ätiologie des Autismus aus der individuellen Lebensgeschichte des Kindes zu erklären. So betrachten Nico Tinbergen und Elisabeth A. Tinbergen die Ursache des Autismus als eine zentrale Funktionsstörung vor allem im emotionalen Bereich und in der Motivation und nicht als organisches Leiden. [23]

Genetische und biochemische Untersuchungen haben bis heute noch keine eindeutigen Befunde ergeben. Trotz aller Differenzierungsversuche unterliegt der Autismus in der Forschung multikausalen Erklärungen. Dabei stehen neurobiologische, biochemische, genetische und entwicklungspsychologische Ansätze zueinander in einem Konkurrenzverhältnis. So wird in dieser Arbeit versucht, eine philosophische Lösung in diesem Meinungsstreit vorzuschlagen.

2.3 Persönliche Erfahrungen

Die folgenden Ausführungen beziehen sich auf die persönliche Erfahrung bei der Betreuung von drei Kindern aus dem Autismus-Spektrum. Dabei wird der Akzent auf die Wahrnehmung gesetzt, wobei es mir darum geht, zu zeigen, dass auch die mangelnde Intentionalität ein Hindernis sowohl für die Wahrnehmung als auch für die Bewusstseinsentwicklung der betroffenen Kinder darstellt.

Zu den Kindern, die Namen wurden aus datenrechtlichen Gründen verändert: Simon und Boris werden vom Fachpersonal des ambulanten, sozialpädagogischen Trägers „Sonne GmbH" im Rahmen der Eingliederungshilfe als Einzelfallhilfe gemäß Sozialgesetzbuch XII im Rahmen der pädagogischen, ambulanten Hilfen betreut. Seit dem 01.01.2000 wurde in den ambulanten Hilfen zur Erziehung im Zuge der Professionalisierung dieser Arbeit die Durchführung der Hilfen vom Senat für Bildung anerkannten Trägern für Kinder- und Jugendarbeit übertragen. So entstand der Träger „Sonne", der sich von Anfang an als einziger ambulanter Träger in den Erziehungshilfen in Berlin auf dem Gebiet der frühkindlichen Entwicklungs- und Regulationsstörungen spezialisierte. Der größte Teil der zu betreuenden Kinder kommt aus dem Autismusspektrum.

Mit dem IX. Sozialgesetzbuch (SGB IX), das seit dem 1. Juli 2001 in Kraft getreten ist, in Verbindung mit dem XII. Sozialgesetzbuch (SGB XII) wurden an Stelle der Fürsorge die rechtlichen Vorraussetzungen für die Rehabilitation und die Förderung zur gleichberechtigten, gesellschaftlichen Teilhabe und Selbstbestimmung von Menschen mit Behinderungen in der Gesellschaft geschaffen.

In diesem Rahmen konnten nunmehr Behinderte und schwer behinderte Kinder und Jugendliche durch die ambulante Eingliederungshilfe als Einzelfallhilfe betreut werden. In diesem Kontext hatte „Sonne" die Betreuung von Simon und Boris übernommen. An dieser Stelle möchte ich mich bei den Kindern und ihren Familien bedanken, die mir erlaubten, über diese Entwicklungsprozesse im Rahmen meiner Arbeit zu berichten. Mein Dank gilt auch dem Träger „Sonne" und der Kollegin, die das Informationsmaterial überließ.

Neben Beratungsgesprächen mit den Eltern fanden Gespräche mit den Helfern aus den verschiedenen Institutionen, die in der Betreuung der Kinder mitwirkten, statt. Um das helfende System zu optimieren, den Informationsaustausch unter den verschiedenen Helfersystemen aufrechtzuerhalten und Kommunikationsstörungen an den verschiedenen Schnittstellen der Akteure zu minimieren, wirkte ich beratend mit. Die Betreuung erfasst ein weites Spektrum unterschiedlicher Beratungssituationen. Zu meinen Aufgaben gehörte hauptsächlich die pädagogische Einzelbetreuung und Entwicklungsförderung der Kinder und Jungendlichen sowie die Beratung der Eltern zu übernehmen.

a) Simon

Simon wurde im 8. Schwangerschaftsmonat geboren. werden, Nachdem die Kindesmutter das Fruchtwasser im 8. Monat verloren hatte, wurde der Geburtsvorgang eingeleitet. Es ergaben sich leichte Komplikationen. Die Geburt wurde durch den Einsatz der Saugglocke vollendet. Da das Baby sehr schwach war, wurde es erst nach zehn Tagen aus dem Krankenhaus entlassen. Die Anfangsphase war für Eltern und Kind sehr schwierig. Die Eltern berichteten, dass Simon Tags wie Nachts schrie. Seine Pflege war sehr zeitintensiv. Sie berichten, dass sein Verhalten von Anfang an sehr schwierig war, und er sich kaum beruhigen ließ. Der Mutter fiel auf, dass er sich nicht gerne streicheln ließ. Es war für die jungen Eltern bedrückend, und sie waren mit ihrem Erstgeborenen überfordert. Mit drei Jahren wurde der Junge deshalb in einem Berliner Krankenhaus vorgestellt. Dabei erfuhr die Familie, dass Simons Verhalten im Autismusspektrum lag. Die Eltern konnten sich nun erklären, weshalb ihr Junge keinen Körperkontakt zuließ, den Blickkontakt mied und z.B. auf seinen Namen nicht reagierte, wenn er angesprochen wurde. Sie erfuhren auch, dass Schlaf- und Essstörungen, Verhaltensauffälligkeiten sowie eine psychomotorische Schwäche im Autismusspektrum vorkommen können. Ein Jahr später wurde der Familie eine Einzelfallhilfe empfohlen. Mit der Durchführung sollte eine auf dem Gebiet erfahrene Fachperson beauftragt werden. Durch die heilpädagogische Förderung sollte Simon gefördert werden, da er deutliche Entwicklungsverzögerungen in allen Bereichen aufwies. Mit vier Jahren lag sein Entwicklungsstand weit unter zwei Jahren.

Bei Beginn der Einzelfallhilfe war Simon somit vier Jahre alt. Als ich Simon zum ersten Mal traf fiel mir auf, dass er nicht sprach. Auf Versuche, mit ihm zu kommunizieren, reagierte er nicht. Es schien, als hätte er keinen Kontakt zu seiner Umwelt. Oft hielt er sich die Ohren zu, wandte sich von anderen Personen ab, hatte keinen Blickkontakt. In seinem stereotypen Verhalten beschäftigte er sich mit dem Auf- und Zuschließen von Türen, An- und Ausschalten von Lichtschaltern oder Beobachten des Drehens der Waschtrommel während des Waschvorganges. Sein Lieblingselement war das Wasser. Mit Vorliebe trug er Schüsseln randvoll mit Wasser mit sich herum, um damit zu spielen. Hätte man ihn nicht eingegrenzt, wäre er in der Lage gewesen, die ganze Wohnung unter Wasser zu setzen.

Bei Tätigkeiten, die mit einer äußeren Änderung einhergingen, beispielsweise beim Versuch seine Kleider zu wechseln, zeigte er große Angst und versuchte sich der Situation zu entziehen. Er trug in der Wohnung immer dieselbe Jacke.

Die Mutter berichtete, dass er die Jacke selbst beim Schlafen anbehielt. Versuche, ihm die Jacke wegzunehmen, führten dazu, dass keiner mehr nachts schlafen konnte. Simons heftige Reaktionen gingen mit Wutausbrüchen einher, sodass er lange brauchte, um sich beruhigen zu können. Weiterhin berichtete die Mutter, dass er nur ganz bestimmte Speisen zu sich nahm, die sie ihm als Häppchen verabreichte, während er in der Wohnung umherlief. Simon hatte außerdem ein herabgesetztes Schmerzempfinden. Er reagierte nicht auf kalt oder heiß. Achtete man nicht darauf, so konnte er sich beim Spielen mit heißem Wasser verbrennen, ohne entsprechend zu reagieren. Andererseits reagierte er auf leichte Berührungen übersensibel.

In der Anfangsphase der Betreuung hatte er Interesse an elementaren Spielen mit Wasser und Sand. Wir gingen regelmäßig auf dem Spielplatz, wo er mit diesen Elementen spielerisch seinen Neigungen nachging. Form und Formlosigkeit bei der Gestaltung zogen seine ganze Aufmerksamkeit während des Spielens auf sich. Zu einem späteren Zeitpunkt integrierte er ein Holzhaus auf dem Spielplatz in sein Spiel. Anfänglich holte er sich den nassen Sand ins Spielhaus. Er bildete Formen, die er nach Bestaunen wieder zerstörte. Danach benutzte er das Haus zum Fangen und Verstecken. Bei diesen Spielen beobachtete Simon meine Bewegungen durch einen Spalt zwischen den Holzbrettern. So konnte er mich aus einem geschützten Raum anblicken, ohne direkten Blickkontakt zu haben. Später ging er aus dem Haus und blickte durch den Spalt in das Innere. Er untersuchte aus verschiedenen Blickrichtungen die unterschiedlichen Perspektiven. Im weiteren Verlauf traute er sich, seinen Blick auf mich zu richten. Ich unterstützte sein Spiel dahingehend, dass er in mehreren Sinneskanälen Wahrnehmungserfahrungen sammeln konnte. Das Haus spielte eine wichtige Rolle für Simon, der zu lernen begann, innere und äußere Empfindungen selbst zu gestalten und zu regulieren. Zu einem späteren Zeitpunkt im Winter hat er in seinem Zimmer ein Zelt aus Decken gebaut, mit dem er verschiedene Facetten dieses Spiels ausprobierte. Das Versteckspiel nahm er wieder auf. Ihn zu suchen, zu entdecken und zu fangen konnte für ihn nicht oft und lange genug gespielt werden. Allmählich entwickelte sich zwischen ihm und mir eine gemeinsame Aufmerksamkeit und gegenseitige Interaktion. Das Aushalten längerer Interaktionsspiele verhalf ihm dazu, seinem Erkundungsverhalten und Kreativität Raum zu geben.

In dieser Zeit war Simon noch nicht in der Lage, sich verbal zum Ausdruck zu bringen. Er äußerte unverständliche Laute und ahmte Sprachmelodien nach. Einen Teddybären, den er mochte, benutzte ich, um die Ausrichtung seiner Wahrnehmung zu stärken, damit er das Körperschema erlernen konnte. So wurden immer wieder Augen, Ohren, Mund etc. benannt. Zu einem späteren Zeitpunkt ca. 1 ½ Jahren seit Betreuungsbeginn kam er überraschenderweise auf das Erlebte zurück und signalisierte dies in wiederkehrenden einzelnen Wörtern. Er sprach zunächst in Hauptwörtern, die er oft wiederholte. Seinen Wortschatz konnte er schrittweise weiter ausbauen. Nach und nach konnte er aus einem Ein-Wort-Satz Mehr-Wort-Sätze bilden. Seinen Wortschatz und seine Ausdrucksfähigkeit konnte er im zweiten Betreuungsjahr immer weiter entwickeln. Buchstaben und Zahlen lernte er erkennen. Im Alter von sieben Jahren lernte er zu zählen. Mit acht konnte er lautierend lesen und schreiben. Er lernte alltagspraktische Tätigkeiten selbständig zu verrichteten und Fahrrad ohne Stützräder zu fahren. Simons sensorische Interessen lassen eine Besonderheit erkennen, so erzählte er mit Begeisterung, dass sein Plastikspielzeughandy nach Schokolode schmeckt.

Sich in Gruppen zurecht zu finden, ist für Simon bis heute ein Problem. Das zeigte sich auch in der Sonderschule, in die er aufgrund seines geistigen Entwicklungszustands gekommen war. Sein Sozialverhalten und seine „merkwürdigen" stereotypen Aktivitäten machten ihn hier zu einem Außenseiter, der vom Unterricht oft ausgeschlossen wurde. Die Klassenlehrerin, die stets an Simons Integration im Klassenverband interessiert war, wusste nicht, wie ihr dieses gelingen könnte. Auch durch die schulischen Rahmenbedingungen war sie überfordert, ihm den für ihn angemessenen Raum und die Zeit zu geben, damit dieses Vorhaben hätte umgesetzt werden können. Die Verweigerung der Schule, Simon einen Schulhelfer zu gewähren, der die Integration in der Klasse hätte regulieren können, führte schließlich dazu, dass die Schule in einer Konferenz den Ausschluss aus der Schule beschloss. Heute besucht Simon ein Projekt der Einzelbeschulung. Diese erneute „Eins zu Eins Situation" sei nach

Berichten der Lehrerin unproblematisch und ermögliche Simon, die ihm gestellten Aufgaben gut zu lösen. Die Lehrerin und die Kindeseltern sind nunmehr auf der Suche nach einer Schule, die bereit ist ihn aufzunehmen. Abschließend ist zu sagen, dass Simon trotz aller Schwierigkeiten stets neue Entwicklungsschritte macht.

b) Boris

Boris Eltern sind zweisprachig. Boris wurde als ehemaliges Frühgeborenes in der 25. SSW mit 850g Geburtsgewicht bei einer Länge von 37cm geboren. Seine Diagnose lautete: Geistige Behinderung mit autistischen Zügen bei autoaggressivem Verhalten, Erblindung nach Frühgeborenen -Retinopathie, Stadium V bds. Er litt außerdem an Schlafstörungen. Bereits in der ersten Minute nach der Geburt musste er reanimiert werden, und es folgte eine längerdauernde Intubation und Beatmung. Er hatte eine Elektrolytstörung, eine Hypoglykämie, eine Hypophosphopathie, sowie eine Pilzinfektion des Blutes.

Als die vielen medizinischen Behandlungen nicht mehr erforderlich waren, befand sich Boris bereits im Vorschulalter. Den Eltern wurde eine Blindenschule empfohlen, und der Besuch der Vorschule wurde organisiert. Doch war Boris aufgrund seiner Autoaggressionen in der Gruppe nicht haltbar. Er schlug sich mit der Hand ins Gesicht, bzw. mit der Faust ans Kinn oder mit dem Kopf auf den Boden, dabei weinte er laut schreiend. [24] Zu seinem Schutz bekam er einen Kopfschutz. Die Schule fühlte sich überfordert mit der Situation. Ein Klinikaufenthalt in einer Berliner Kinder- und Jugendpsychiatrie, wo Boris medikamentös behandelt wurde, hat das Autoaggressionsverhalten des Jungen nicht verändern können. Die Schule sah sich erneut mit der Situation überfordert und entließ Boris aus der Vorschule. Eine Einzelfallhilfe mit dem Ziel, ihn in der häuslichen Umgebung zu fördern und aus seiner Isolation herauszuholen, wurde ebenfalls wegen „Erfolglosigkeit" aufgegeben. Boris Autoaggressionen wurde als Ausdruck eines Machtkampfes, als manipulatives Verhalten interpretiert. Mit Hilfe verhaltenstherapeutischer Interventionen wurde versucht, Einfluss auf das autoaggressive Verhalten zu nehmen. Boris sollte, obwohl er nicht sehen konnte, versuchen freihändig zu laufen, und er sollte sich so lange schlagen, bis er selber damit aufhörte. Zur Sicherheit sollte er sich erneut den Kopfschutz aufsetzen.

Der Versuch, die Autoaggressionen abzubauen, gelang rückblickend m. E. deshalb nicht, weil seine Autoaggressionen in erster Linie als Absicht interpretiert wurden, Anderen seinen Willen aufzuzwingen. Der verhaltenstherapeutisch orientierte Umgang mit Boris, d.h. ihn durch distanzierende Nichtbeachtung (Extinktion) zur Aufgabe seines vermeintlich ‚manipulativen' Verhaltens zu bewegen, führte bei ihm letztlich zu einer zunehmenden räumlichen, aber auch emotionalen Orientierungslosigkeit mit verstärktem, autoaggressiven Agieren aufgrund zunehmender Hilflosigkeit und Verlassenheitsängsten. Autoaggressionen frühgestörter Kinder sind erfahrungsgemäß jedoch verzweifelte Versuche durch induziertes Körpererleben einen inneren, seelischen Bezugspunkt zu finden, über den dann auch zumindest ein Teil der erlebten Hilflosigkeit motorisch ausagiert werden kann. Erschwerend zum fehlenden Sehvermögen kam bei Boris hinzu, dass er sich in einem zweisprachigen Umfeld orientieren musste und noch nicht über eigene Äußerungsmöglichkeiten verfügte, wenn er auch einzelne Mitteilungen durchaus verstand.

Eine Schule mit Förderschwerpunkt „geistige Entwicklung" erklärte sich bereit, Boris in die erste Klasse aufzunehmen. Ich begleitete Boris mit dem Schultransport zur Schule. Ziel der Arbeit war es, Boris zu einer inneren Sicherheit zu verhelfen, um ihm zu ermöglichen, den Schulalltag und den Schulweg selbständig bewältigen zu können. Die Klassenlehrerin unterstützte diesen Weg. Der Schulunterricht für Boris wurde in der ersten Zeit auf zwei Stunden pro Tag begrenzt. Um Boris an unterschiedliche Schulangebote heranzuführen, wurden verschiedene Zeiteinheiten festgelegt.

Die Aufgabe der Hilfe bestand darin, ihn auf der Fahrt zur Schule und zurück zu begleiten sowie ihn im Unterricht zu unterstützen. Die Anfangsphase gestaltete sich extrem schwierig. Schon beim Abholen und während der Fahrt wurde Boris von Ängsten überflutet. Allein das Sitzen im Bus überforderte ihn. Er versuchte seine Hände loszureißen, um sich zu schlagen. Angstausbrüche bekam Boris auch während des Unterrichts. Er konnte sich nur dann beruhigen, wenn man ihn umarmt hielt und beruhigend zu ihm sprach. Erschwerend zum fehlenden Sehvermögen kam wie bereits erwähnt bei Boris hinzu, dass er sich in einem zweisprachigen Umfeld orientieren musste und noch nicht über eigene Äußerungsmöglichkeiten verfügte. In dieser Phase versuchte ich, Boris Ängsten mit Nähe zu begegnen. Während der Angstattacken wurde er von mir in den Arm genommen oder in eine Decke gewickelt, und wie ein Baby geschaukelt. Dabei sprach ich beruhigend mit ihm oder summte Lieder. Er ließ sich nach und nach beruhigen. Interessant war zu beobachten, dass er beim Anbieten der Decke inne hielt, sich umwickeln ließ, ohne sich dabei zu schlagen. Das Gefühl des Gehaltenwerdens wurde vermittelt, und er konnte allmählich zur inneren Ruhe kommen. Durch die äußere Hülle und Wärme konnte er die Grenzen seines Körpers unversehrt spüren, um Inseln der Sicherheit zu schaffen.

Die fortschreitende Entwicklung von Boris erlaubte ihm, aus der Isolation herauszukommen. Er konnte das Gefühl der Sicherheit und des Haltens und Getragenwerdens empfinden und seine Bindungsfähigkeit ausbauen. Dies machte sich z.B. daran bemerkbar, dass Boris lachte, wenn seine Mutter ihm erzählte, dass ich ihn abholen komme. Wenn ich in die Wohnung der Eltern kam, streckte er mir seine Hand entgegen, und sobald er meine Hand zu fassen bekam begann er aus Freude zu springen.

Durch die Vormittagsstruktur wurde ihm eine verlässliche Konstanz geboten, so dass er sich immer mehr öffnete und die Schulangebote zunehmend annahm. Er konnte mit Unterstützung seine Wahrnehmung im Tasten, Schmecken, Riechen und Hören erweitern. Im Rahmen seiner Möglichkeiten konnte er ein inneres Bild entwickeln, das ihm dazu verhalf, einzelne Wörter zu bilden. Veränderungen waren auch insofern zu beobachten, als Boris sich selbständig in einem ihm bekannten Raum orientieren und sich bewegen konnte. Die Kindesmutter berichtete, dass sie erschrak, als sie eines Tages Boris nicht in seinem Zimmer fand. Zu ihrer Überraschung war er allein in die Küche gegangen. Zu einem späteren Zeitpunkt erzählte sie, dass Boris alleine von der Haustür bis zur Wohnungstür in der dritten Etage die Treppe hoch lief, indem er sich mit einer Hand am Geländer festhielt. Wenn er durch den Wald läuft, hört er das Rascheln der Blätter und spürt dabei die unterschiedliche Beschaffenheit des Bodens. Er tastet den Boden ab, befühlt die Erde, die Steine, den Sand und die Blätter, um sich seine Umwelt zu erschließen. In der Arbeit mit ihm wird durch das kontextbezogene Erleben der Empfindungen das Ziel angestrebt, das Lernen ausgerichteter Handlungen zu entwickeln.

3 Phänomenologie der Wahrnehmung

Der Begriff ‚Wahrnehmung' hat sich mittlerweile in der Psychologie eingebürgert. Damit werden fast nur die Umweltreize verbunden, die durch unsere Sinnessysteme die Wahrnehmungsvorgänge organisieren und verarbeiten. Diese Erklärung koppelt die Wahrnehmung vom subjektiven Urteil über das Empfinden des Menschen vollkommen ab. Gerade hier grenzt sich die Psychologie von der Phänomenologie als eine philosophische Strömung ab, die das Urteilsvermögen des Menschen von seiner Wahrnehmung sowie der damit verbundenen Empfindung abhängig macht.

Bereits die alten Griechen setzten Wahrnehmung (aisthêsis), die sie als Einwirken der Dinge auf die Seele auffassten, und Empfindung gleich.[25] Doch sie hielten es für eine Illusion oder sogar einen Irrtum, die Wahrnehmung nicht zuletzt aufgrund ihrer Unmittelbarkeit, Instabilität und Eigenartigkeit als Erkenntnisquelle zu betrachten. Denn Wissen setzt vielmehr Beständigkeit, Unveränderbarkeit und Universalität voraus. Immerhin waren sich die griechischen Philosophen, insbesondere Platon und Aristoteles, darüber einig, dass die Wahrnehmung von besonderer Bedeutung für die menschliche Existenz und Selbsterhaltung sei.

Ist die Wahrnehmung auch bei Aristoteles kein Wissen, so gibt er dennoch zu verstehen, dass jede Erkenntnis mit ihr, d.h. mit der Empfindung beginnt, wobei er unter Empfinden das Erleiden (*páschein*) der mit dem Körper verbundenen Seele (*psyché*) sei. Aristoteles bemerkte dazu Folgendes: „Jede Wahrnehmung bezieht sich auf den wahrnehmbaren Gegenstand. Sie liegt im Sinnesorgan als Organ und sichtet (unterscheidet) die Unterschiede des gegenständlichen Wahrnehmbaren, z.B. der Gesichtssinn Weißes und Schwarzes, der Geschmackssinn Süßes und Bitteres. Und ebenso verhält es sich bei den übrigen Sinnen."[26]

Die Empfindung des Menschen drückt sich mithin durch seine Fähigkeit, die Dinge in seiner Seele wahrzunehmen.[27] Mit anderen Worten, die Wahrnehmung ist der Akt des wahrgenommenen Gegenstandes durch Vergegenwärtigung dessen Existenz in der Seele des Menschen.[28] Dabei betrachtet Aristoteles den Menschen als ein Wesen, das aus drei Teilen, nämlich dem Körper oder dem Leib (*soma*), der Seele und dem Geist (*noús*), die in einem eng verwobenen Verhältnis zueinander stehen.

In der Philosophie der Neuzeit kam es zu unterschiedlichen Konzeptionen von Wahrnehmung. Während die Empiristen (Thomas Hobbes, John Locke etc.) glauben, dass die Körper die Empfindungen erregen und die Wahrnehmung deshalb die Quelle der Erkenntnis darstellt, wendeten die Rationalisten insbesondere Descartes ein, die empfindsamen Eigenschaften der Gegenstände, insofern sie verschwinden oder ersetzt werden können keineswegs die sichere Erkenntnis gewährleisten. Nur der Verstand ist nach Descartes dazu in der Lage, insofern sein Objekt immer dasselbe bleibt. So ist die Wahrnehmung keine Vision, sondern eine Funktion des Verstandes. Für John Locke erfolgt die Wahrnehmung ebenso durch Sensation wie durch Reflexion. Sie ist daher die Quelle der menschlichen Erkenntnis.[29] Dem Menschen spricht er daher die Fähigkeit zu, äußere und innere Wahrnehmungen zu verarbeiten sowie zu komplexen Ideen und Begriffen zu bringen.[30]

Die Trennung vom Leib und Seele beginnt mit Descartes, der die Existenz des Geistes (res cogitans) als unanzweifelbar sieht. Die Existenz des eigenen Körpers wird bezweifelt. Der Leib ist nicht mehr von der Seele durchzogen und wird zum physikalischen und mechanischen (Menschlichen) Körper (res extensa) degradiert der außerhalb des Bewusstseins ist. So konstituiert sich der Mensch, nach Descartes, mit einem Geist, der räumlich nicht lokalisierbar ist (kein räumliches ausgedehntes Ding) und einem Körper, der ein materielles und räumliches ausgedehntes Ding ist, die beide unabhängig von einander existieren. Geist, der unteilbar und Körper, der teilbar ist. Beide sind in sich selbstständige Substanzen und nicht aufeinander angewiesen. Die wahrnehmende Instanz ist der Geist, der auch für die Verarbeitung von Empfindungen und Erlebnissen in Wahrnehmungen vollzieht. Descartes formulierte dies so:

„Gewöhnlich stelle ich mir aber außer dieser körperlichen Natur, die das Objekt der reinen Erkenntnis ist, vieles andere vor, wie Farben, Töne, Geschmäcke,

Schmerzen und der gleichen, aber nichts davon so deutlich. Weil ich diese genauer durch den Sinn erfasse, durch den sie mit Hilfe des Gedächtnisses in die Anschauung gelangt sind, ... „ [31]

Diese Aufspaltung vom Körper und Geist erweist sich als eine spezifische Dualität (ontologischer Dualismus/Substanzdualismus). Körperliche und Geistige Entitäten sind jedoch nicht identisch. Der cartesianischer Substanzdualismus betrachtet das Mentale als substantielle Wirklichkeit, und sein Wesen besteht im Denken, das unabhängig und selbständig vom Körper existiert. Das bedeutet nicht, dass er ohne Körper ist. Er betrachtet die reale Verschiedenheit und Unabhängigkeit des Geistes vom Körper. So schreibt Descartes in der sechste Meditation:

„Es steht noch aus, dass ich prüfe, ob materielle Dinge existieren. Zu mindest weiß ich bereits, dass sie existieren können, insofern sie Objekt der reinen Erkenntnis sind, da ich sie ja klar und deutlich erfasse. ... zu meinem Wesen gehört, außer dem einen, dass ich ein denkendes Ding bin, schließe ich zurecht, daß mein Wesen allein darin besteht, ein denkendes Ding zu sein. Und obwohl ich möglicherweise (oder vielmehr, wie ich später sagen werde: sicherlich) einen Körper besitze, der mit mir äußerst eng verbunden ist- denn ich besitze einerseits eine klare und deutliche Idee meiner selbst, insofern ich ein denkendes, kein ausgedehntes Ding bin, und anderseits die deutliche Idee des Körpers, insofern er lediglich ein ausgedehntes, kein denkendes Ding ist -, ist es sicher, dass ich von meinem Körper tatsächlich unterschieden bin, und ohne ihn existieren kann."[32]

Die strikte Trennung von Körper und Geist wirft hier die Frage auf, ob sich das Verhalten von autistischen Kindern, sich selbst ohne ersichtliche emotionale Regung zu verletzen, damit erklären ließe. Dass es nicht so ist, wird durch die Ausarbeitung des Themas, Wahrnehmung im Verhältnis zum Autismus verständlicher. Mit der Trennung des Körpers vom Geist lassen sich nicht mehr das bewusste Erleben der Wahrnehmungen und der körpereigenen Empfindungen erklären. Die essentielle Verwobenheit der Wahrnehmungen zwischen Leib und Geist ermöglichen mir das Wahrnehmen. Denn ohne den Leib sind mir keine Wahrnehmungsempfindungen und kein bewusstes Erleben der Welt möglich, d.h. das Verschmelzen der Erlebnisse meiner Umwelt mit und durch meinen Leib könnte ich nicht wahrnehmen. „Das Erleben des Leibes zeigt sich nicht nur in der Interaktion mit der Umwelt, sondern auch bei körpereigenen Empfindungen. …Das bewusste Erleben hat einen physikalischen und einen mentalen Pol. Der von den Naturwissenschaften aus einer externen Perspektive untersuchte physikalische Pol ist real und rational oder mathematisch beschreibbar. Der von uns intern erlebte mentale Pol ist ebenso unbestreitbar real. Die bewusst erlebte Leiblichkeit fängt diese Bipolarität gut ein: Aus der Perspektive des Naturwissenschaftlers haben wir einen physikalischen Körper, aus der Perspektive der Innerlichkeit erleben wir den gleichen Körper als eine leib-geistige Einheit, die eine reichhaltige Fülle von subjektiven und qualitativen Eigenschaften offenbart."[33]

Der losgelöste Körper ist nicht mit meiner Umwelt verankert. Ich brauche einen Leib, der als Träger zwischen mir und meiner Welt als ein Vermittler fungiert. Mein Leib ist auch die Nahtstelle zwischen meiner inneren und äußeren Welt. Im Leib als Träger aller Sinnesfunktionen verschmelzen durch das bewusste Wahrnehmen die interne und externe Welt sowie Empfindungen und Erleben. Körper und Geist bilden den Leib.

Mit Edmund Husserl wird der Leib-Seele-Dualismus aufgehoben. In seiner Phänomenologie macht er deutlich, dass Wahrnehmung weder ein Bild noch eine Vorstellung äußerer Dinge ist, sondern sie ermöglicht lediglich den Zugang zu ihnen. Auf diese Weise trug die Phänomenologie wesentlich zur Erneuerung der Wahrnehmungsforschung in der Philosophie bei, wie Maurice Merleau-Ponty zu Recht bemerkt:

„Phänomenologie ist Wesensforschung – alle Probleme, so lehrt sie - wollen gelöst sein durch Wesensbestimmungen: Bestimmung des Wesens der Wahrnehmung etwa, des Wesens des Bewusstseins. Doch ebenso ist Phänomenologie eine Philosophie, die alles Wesen zurückversetzt in die Existenz und ein Verstehen von Menschen und Welt in der ‚Faktizität' fordert".[34]

Nach Husserl ermöglicht die Wahrnehmung die Existenz eines Dings in seiner körperlichen Anwesenheit im Unterschied von den Erlebnissen im Bewusstsein (z.B. die Imagination), die die abwesenden Dinge repräsentieren. Diese These wird im Zusammenhang mit der Intentionalität des Bewusstseins vertieft.[35] Es sei an dieser Stelle lediglich hervorgehoben, dass die Wahrnehmung bei Husserl nie isoliert ist, sondern eine wechselseitige Beziehung zwischen Erlebnis, Emotion, Wahrnehmung und Erkenntnis eines Selbst-Sinnes. Diese wechselseitigen Beziehungen sind die Basis der Homöostase, die ein Schlüssel des Bewusstseins ist. Er unterscheidet sinnliches Bewusstsein (sinnliche Qualitäten) vom nicht sinnlichen Bewusstsein (mentales Bewusstsein). Unter Berufung auf Husserl versucht Merleau-Ponty zu beweisen, dass die Wahrnehmung eine Tätigkeit ist, die zum Ziel hat, sich der Lebenswelt zu öffnen. Dabei zeigt er, dass die Wahrnehmung eine primäre Erfahrung ist, die jeglichem Diskurs vorausgeht.

Es geht der Phänomenologie darum, das Erscheinende voraussetzungslos an der Untersuchung der verschiedenen Erscheinungsweisen der Gegenstände, wie sie scheinbar sind, aufzuweisen, um es zu einer Evidenz durch das Enthüllen zu bringen. Sie greift direkt auf die Sache selbst zurück „und versucht die Wesenszusammenhänge zwischen sinnlicher und nicht sinnlicher Anschauung, zwischen Denken und Anschauen, zwischen Psychischem und Physischem zur Selbstgegebenheit zu bringen" [36]

Die Maxime der Phänomenologie ist "zu den Sachen selbst". Husserl hat die Philosophie sowie die Wissenschaften, Natur- und Geisteswissenschaften, mit seinem philosophischen Denken stark beeinflusst. Phänomenologie ist eine philosophische Analyse, die die eigentliche Wesensart der Wesensintuition und Wesensschau. Mit der Sprache als ihrem Instrument und mit den wissenschafts-theoretischen Analysen liefert sie einen Rahmen für das holistische Betrachten der Grundstrukturen der Wirklichkeit und Nichtwirklichkeit.

Die "Phänomene" selbst sind es, um die es in der Phänomenologie geht. Die Phänomenologie ist eine Haltung, die vor allem die Aufmerksamkeit auf die Sache selbst bevorzugt. Das Wort Phänomenologie ist zusammengesetzt aus

Phänomenon, etwas das sich zeigt d.h. hängt zusammen mit Licht, Helligkeit, was sehen lässt, und Logos, das Wort, die Stimme. „Das Helle ist offensichtlich so etwas, was durch sich hindurch etwas sehen lässt, diafanes. Dieses Helle ist an sich selbst nicht sichtbar, sondern nur durch eine fremde Farbe. Helle ist das was sehen lässt: Nämlich die eigentliche Farbe (eikion chroma) der Dinge, die ich in der Helle habe." ... „Sehen ent-deckt, sofern es ist, immer nur Farbe; Hören immer nur Ton."[37]

„Phänomenologie (griech. phainomenon: das Erscheinende). "Phänomen" ist ein Grundbegriff der Existential- und Erkenntnistheorie. Ursprünglich diente er zur Bezeichnung der Erscheinungen der Wirklichkeit, wie sie in Raum und Zeit, in ihrer Mannigfaltigkeit und Veränderlichkeit dem menschlichen Bewusstsein gegeben sind, in Abgrenzung zur eigentlichen Wirklichkeit, wie sie in den hinter diesen Erscheinungen waltenden Ideen, der eigentlichen und unveränderlichen Wesenheit, begründet liegt (Platon). Die Philosophie Kants bringt eine grundlegende veränderte Sichtweise des bewusstseinsmäßigen Bezugs zur Wirklichkeit. Die Wirklichkeit besteht in nichts anderem als den Erscheinungen als dem Gegenstand der Erfahrung, wie er sich dem wahrnehmenden Bewusstsein zeigt." [38]

Die neuzeitliche Philosophie ist in ihrem Denken von der Vorstellung dessen, was ist und gilt, von dem Wirken der neuzeitlichen Wissenschaft und Technik und ihrer Erkenntnis beeinflusst, was zu einer wissenschaftlichen und technischen Weltorientierung führte. Der Begriff Welt hat verschiedene Bedeutungen, wie z.B. die Welt des Menschen oder die Welt als All. In dieser Arbeit ist mit dem Begriff Welt die Bedeutung der Welt des Menschen, in der er lebt. Dies wird in der Phänomenologie als die vorwissenschaftliche Welt gesehen.

Die Phänomenologie hat sich immer für die Beziehung des Menschen zur seiner Welt als Lebensbasis und Lebensraum interessiert, d.h. sie hat sich für seine Lebenswelt interessiert. Sie ist der Auffassung, dass eine wirkliche Welt existiert, die Welt wie sie uns erscheint und wie wir sie wahrnehmen. Sie geht nicht von einer Zwei-Welten-Theorie (reale und wirkliche Welt) aus. Die Frage nach derWelt als Sein ist eine Seinsfrage. Sie spricht auch von der Seinsweise des existierenden Menschen.

Die Frage nach dem "Sein" hat die Philosophie seit ihren Anfängen immer wieder gestellt. Die Seinsfrage "ti to on" wurde seit der Antike mit Platon und Aristoteles metaphysisch gedacht. Kreiste das Denken in der antiken und mittelalterlichen Welt noch um das Absolute, rückte in der neuzeitlichen Philosophie die Subjektivität und das Verhältnis des Menschen (Sein) zu seiner Welt (Dasein) in der er lebt, mit lebt und existiert in den Mittelpunkt. Die Seinsweise weist einerseits auf die Identität des einzelnen Menschen hin und anderseits auf seine kulturelle Weltzugehörigkeit, in die er hineingeboren wird und in der er aufwächst und sich sozialisiert.

„Die Welt, in die ich hineingeboren bin, ist zunächst nicht meine Welt, sondern ein offenes, ungeschiedenes Feld, in dem eigene und fremde Perspektiven unmittelbar ineinander greifen. Das gilt für die natürliche Ebene, wo eigener und fremder Leib infolge ihrer Strukturähnlichkeit ein einziges Ganzes bilden, wie auch für die kulturelle Ebene, wo im Dialog eigene und fremd Äußerungen in einem einzigen Gewebe verknüpft sind."[39]

Den Begriff Identität benutzen wir gewöhnlich in der Logik für die Bezeichnung einer Identitätseinheit des Seienden mit sich selbst, wenn wir vergleichbare Entitäten miteinander in Relation setzen. Identität wird nur dann fraglich, wenn sie durch das Dasein des anderen in Frage oder in Relation gestellt wird. Identität, in Beziehung gesetzt, wird relativiert. Der andere kann sie ins Verhältnis setzen, Vergleiche anstellen und Differenzen und Divergenzen feststellen. Dabei wird allerdings ontologisch vorausgesetzt, dass die jeweilige Identität keine bloße Eigenschaft, also kein Resultat einer Attribution ist.

Während des Prozesses der Formung einer Identität wird auch eine innere Zeitlichkeit (Temporalität) geschaffen. Damit wird eine in Frage kommende spezifische Identität der Sache oder des Wesens sich ereignen. Wird die Identität als das Resultat von Attribution gedacht, sprechen wir über eine attributive Identität. Ontologisch gesehen ist eine solche Identität eine "Schein-Identität", da eine solche Identität kein Resultat eines "Geworden-Seins", oder eines innerlich "Geformt- Seins" oder Bildens ist.

Die nominale, attributive Identität ist demgemäß das Resultat einer Vereinbarung, die dem Bezeichner zum Bezeichnen und Anerkennen einer jeweiligen Identität für eine gewisse Zeit genug äußere autoritäre Kraft und Glaubwürdigkeit verleiht. Der Nominalismus ordnet allerdings die Identität der Begrifflichkeit der Zahl, des Namens und des äußeren Maßes unter. So wurde im Griechischen ´nómos´ als Name, Zahl oder Gesetz gedacht, wobei die hier waltende Zeitlichkeit im Hinblick auf die Zeitlichkeit des Seins, die wir gewöhnlich zwar mit "ist" ausdrücken, aber damit in der Regel "haben" meinen, immer eine äußere, d.h. gemessene oder modale Zeit bedeutet.

In der nominalistischen Tradition der Identitätsbestimmung wird daher Identität durch äußere Definition als eine Ansammlung von Merkmalen oder Eigenschaften gutgeschrieben, vereinbart oder eingefordert. So spricht man auch von einer paradigmalen oder deklarativen Identität. Der Vergleich der Identitäten verlässt damit die Ebene der Ebenbürtigkeit und die Vorstellung von Höher- oder Minderwertigkeit wird vorherrschend. Nach dieser Vorstellung kann das Seiende eine spezifische Identität dadurch gewinnen, dass sie gegeben, verliehen oder gewonnen wird.

Aus dem Vorherigen folgt, dass ich für die identitätstheoretische Auslegung meines Themas einen anderen Pfad wählen musste. Ich gehe davon aus, dass die Bildung einer Identität in ihrem Endresultat als ein Identisch- Sein ontologisch eine höchst spezifische Form des jeweiligen "so- seins" darstellt. „Bei der Vorstellung, dass die Identität sich bildet, indem sie sich aus ihrer ursprünglichen Verborgenheit entfaltet, gehen wir ebenso von einer primordialen Identität (Kernidentität) aus.

Entscheidend ist aber nach dieser Vorstellung nicht der Vorgang der Identifikation durch das andere oder die Angleichung an anderes, sondern das Sich- Identifizieren als eine bestimmte Identität, indem das Identische selbstverständlich eine bestimmte und ihm in der Ebenbürtigkeit angemessene, interaktive Anbahnung aufweist und in der Interaktion seiner sich ständig verändernden Permanenz ausgesetzt ist oder diese vor Augen hat.[40]

Daraus folgt, dass die Entstehung der primären Identität vorrangig kein Resultat von Bedürfnisbefriedigung, auch nicht Erfüllung einer äußeren Erwartung oder Forderung sein kann, d.h. das Identische muss nicht eine eigentliche Richtigkeit in seiner Herkunft oder in seinem daseinsmäßigen Werden erfüllen. Wenn wir die nominalistische Theorie der Identität und damit die letztendlich immer in Normativ mündende Vorstellung ablehnen, dass unser Selbstbewusstsein nur eine, wie auch immer gedachte, Repräsentanz der Funktion unseres Körpers ist, dass wir uns primär für die eine oder andere Identität mit Erwägung oder spekulativ entscheiden können oder dazu von einer höheren Warte heraus erzogen werden, müssen wir einen anderen Denkweg gehen.

In der Phänomenologie wird hinsichtlich der Beschreibung der Selbstidentität zwischen Selbstheit und Selbigkeit[41] unterschieden. Gedacht wird die Selbstheit des Subjektes als eine entschiedene, ursprüngliche und für sich selbst selbstverständliche Anbahnung der eigenen primären Identität als Daseinsform, die allerdings immer nur als eine spezifische Bezogenheit auf eine andere Selbstheit zu verstehen ist. Die jeweilige menschliche Identität manifestiert sich als Selbstheit oder primäre Identität des Heranwachsenden im Rahmen der zunehmenden Individuation aus einer Daseinsform, die wir auf einen Selbstkern zurückführen müssen.

Von den Anfängen des frühen kindlichen Lebens im gemeinsamen Leben mit seiner Mutter als notwendige Voraussetzung der intakten Identitätsbildung, wird angenommen, dass die Mutter sich als Mutter in der Mutterschaft identifiziert und das Baby sich in seinem Baby- Sein, aber auch als das Kind der jeweiligen Mutter sich identifiziert, wobei von Anfang an bei der inneren Formung der primären Identität in ihren proto-soziale Interaktionen, Geschmack und Atmosphäre eine wichtige Rolle spielen. Letzteres bedeutet gleichzeitig den Anfang der gelebten, primären Identität (Selbstheit) als Kind, welches mit seiner Mutter in einem empfindlichen Bezug steht. Diese Beziehung ist von Anfang an trianguliert.[42] Ein neugeborenes Baby, welches mit Wohlwollen und Geduld zu einem alters entsprechenden reifen Subjekt sich entwickelt, stellt in der Interaktion mit seiner Mutter ein trianguliertes, intersubjektives Verhältnis her, das eine aufeinander intersubjektiv abgestimmte Beziehung ist und eine gemeinsame Geschichtlichkeit und so die innere Zeit (Vergangenheit – Gegenwart – Zukunft) des Neuankömmlings mit der Geschichtlichkeit der Mutter eng verstrickt ist.

Die internalisierte, intersubjektive Beziehung verhilft dem Baby zur Wahrnehmung von Körperzuständen und erlebten Affekten. Bei einer anfänglich noch nicht differenzierten Wahrnehmung von Außen- und Innenwelt beginnt das Selbst nach und nach über die Vorgänge und Prozesse der Veränderung eine bewusste Wahrnehmung von erlebten Körperzuständen und erlebten Affekten in sich selbst, Reaktionen auf sich selbst und die Außenwelt, bewusst wahrzunehmen. Die für das Baby bedürfnisbefriedigend wirkende Mutter- Baby-Interaktion etabliert Erfahrungen als Erinnerungsspuren und Wahrnehmungen.

Die anfänglich noch nicht differenzierten Erfahrungen bringen Vorstellungen von Selbst und Objekt ins Spiel. Unangemessenheit schreibt sich in die anfängliche Geschichte des Mitseins als Kränkung, Intoleranz oder Überforderung ein und kann im extremen Fall zur Bildung von abgekapselten, falschen Selbstanteilen (pathologischen Selbstobjektbeziehungen) führen. Die Schwierigkeiten können auf körperlicher Ebene ebenso auftreten, wie das Baby auch psychisch schwer traumatisiert werden kann. Dieses pathologische Verhalten wiederum wird als ein Missverhältnis bei jenen schweren Entwicklungsstörungen und Entgleisungen betrachtet, die wir bei bestimmten frühen psychosomatischen Störungen oder auf dem Feld des narzisstischen Gleichgewichtes sich manifestierender Selbstpathologien sehen. So lässt sich das stereotype Verhalten sowie die extremen Angstreaktionen autistischer Kinder auf Veränderungen der Umwelt verstehen.[43] Denn eine Veränderung der Außenwelt lässt die innere Sicherheit des Seins und die Selbstidentität schwinden. „In der Tat besteht die Identität einer Person, wie die einer Gemeinschaft, zum Großteil aus diesen Identifikationen mit Werten Normen, Idealen, Vorbilder, Helden, in denen Person und Gemeinschaft sich wieder erkennen. Das Sich- in- etwas- Wiedererkennen trägt zum Sich- an- etwas- Wiedererkennen bei. Auf diese Weise stabilisieren sich Vorzüge, Bewertungen Einschätzungen- und zwar so, daß die

Person an ihren Habitualitäten, die bewertend genannt werden können, wiedererkannt wird. Aus diesem Grunde führt ein Verhalten, das dieser Art der Habitualitäten nicht entspricht, dazu zu sagen, daß dies nicht im Charakter des Betreffenden Individuums liegt, daß dieses nicht mehr es selbst ist, vielleicht sogar, dass es außer sich ist."[44]

In diesen Fällen ist die primäre Identität fragmentiert. Bei Gewaltopfern kann es sogar zur Bildung von so genannten multiplen Persönlichkeiten kommen. Eine verhältnismäßig elastische Instabilität der primären Identität gehört zu den kompensierbaren Abweichungen und bildet die Grundlage für die Identitätsspiele, die Menschen in mannigfacher Form bei der Ausbildung sekundärer oder provisorischer Identitäten in gesellschaftlich akzeptierter Form spielen. Auch die berufliche Identität, eine gegenseitige Schätzung und ein respektvolles mitsein, als angelernte Identität gehört zu diesen Spielarten der menschlichen Lebens.

Die primäre Identität etabliert sich schon vor der Ausbildung der Sprachlichkeit und bildet das Fundament für die inneren Bezüge des motivierten Selbst. Man kann sogar sagen, dass die Festigkeit der primären Identität gegen alle möglichen Ambivalenzen, Selbsttäuschungen und verunsichernde Situationen schützt, die sich im späteren Leben hier und da ergeben. Jede spätere sekundäre Identität und die verschiedenen Spielarten der verschiedensten sozialen Rollen können nicht dargestellt werden, wenn die primäre Identität in ihrer intersubjektiven Verankerung instabil ist. Kreative Prozesse wie Vorgänge des Fremdverstehens ebenso wie das Aneignen von Erkenntnissen, Erfahrungen und Verfahrensformen können nicht innenweltlich zu einer Autonomie ausgebaut werden oder die spezifische Autonomie wird nur partiell herausentwickelt, wenn die primäre Identität ins Schwanken gerät.

Sekundäre Identitäten werden im Laufe der Sozialisation von Anfang an bewusst oder unbewusst angenommen und damit erfolgt der Ausbau einer der primären Identität entsprechenden oder widersprechenden Selbigkeit. Sie unterliegen einem spezifischen Kanon, werden meistens in der Konvention ritualisiert, institutionalisiert, usw. und überwacht. Das Einhalten dieser Normen gehört zu den Tugenden, die einen mit Stolz und Eitelkeit erfüllen können. So kann es vorkommen, dass jemand mit seinen Großeltern und Verwandten, seinen Nachbarn oder Lehrern anders umgeht, sich anders bei ihnen verhält, als er in seiner vertrauten Umgebung und seiner primären Familie, unverkleidet und unentstellt, auf natürliche Weise ist.

Bei der primären Form des Zusammenlebens, des Zusammenkommens und der Übereinkunft handelt es sich hier nicht um eine Anpassung, sondern um eine innerliche Aneignung, d. h. Bilden von gemeinsamen, bleibenden Werten, wie auch die Zeiten kommen mögen. Sie verlangt nach einer gegenseitigen Achtsamkeit und sinnenhafter Annäherung an die ganze Bandbreite von Taten und Untaten, die sich in der Geschichte einer Gruppe - wie auch immer- ereignet haben. Damit hat die soziale und kulturelle Herkunft eine bewahrende Funktion.

Die individuellen Unterschiede kommen bei der sekundären Identität kaum zum Tragen, eventuell werden vorteilhafte Züge angewandt. Individualität ist nur innerhalb einer kanonisierten Ordnung erwünscht. Dementsprechend können die Annahme einer sekundären Identität und damit die Verwandlung selbst mit dem Ritual des Einkleidens, dem Tragen einer standesgemäßen Kleidung oder einer Uniform verbunden sein. Auch eine spezifische Sprache wie Fachsprache dient dieser Einkleidung, da das Gemeinte oder der Inhalt der Mitteilung immer in Worte gekleidet werden muss.

Im Gegensatz zum Hineinwachsen in eine primäre Identität steht, wie schon erwähnt, bei der Identifizierung der sekundären Identität die Darstellung einer Figur, deren Rolle verkörpert werden soll, im Mittelpunkt. Der Werdegang einer solchen Identitätsbildung ist in sich stark instrumentalisiert. Das Erlangen der einzelnen Identitätsstufen ist oft mit Prüfen von messbaren Leistungen und der Verleihung von Urkunden verbunden. Ritualisiert ist auch der Akt der Ernennung oder Ermächtigung, wie es auch beim Wechsel der menschlichen Lebensperioden (Einschulung, Konfirmation, Heiraten usw.) passiert. Damit wird das Spiel mit der Figur zu einem allegorischen Geschehen, d.h. der kanonische Subtext der zu verkörpernden Figur wird als Erwartungs- und Verpflichtungskodex mitgegeben. Gegen den Druck nach Transparenz wird die sekundäre Identität mit entsprechender Geheimnistuerei, fachlicher Heimlichkeit geschützt.

3.1 Phänomenologie der Wahrnehmung und Autismus

Die Grundlage der Psychologie als Naturwissenschaft bilden Wahrnehmungen, Erlebnisse und Erfahrungen. Und zwar ist es vor Allem die innere Wahrnehmung der eigenen psychischen Phänomene, welche für sie eine Quelle der Formung der Subjektivität ist. Erkennen und Handlung ist ein Ergebnis des Wahrnehmungsprozesses. Dieser komplexe psychophysische Vorgang als subjektive Erfahrung ist das Endprodukt des Wahrnehmenden in einem intentionalen Zustand, wobei das Sein und die phänomenalen Qualitäten der Wahrnehmung eine Folge des Wahrgenommenen sind.[45]

Die Untersuchungen von Wahrnehmungsprozessen werden meist in der naturwissenschaftlich orientierten Psychologie (Wahrnehmungspsychologie) durchgeführt. Die Wahrnehmung als Abbild der objektiven Realität im Bewusstsein ist jedoch auch eine philosophische Kategorie.

Ihre Objektivität besteht in der adäquaten Widerspiegelung der Gegebenheiten der objektiven Welt. Somit ist die Wahrnehmung das Resultat eines aktiven geistigen Prozesses, bei dem alle Sinnesorgane es dem Menschen gestatten, mit seiner Umwelt und seinen Mitmenschen zu kommunizieren bzw. in Kontakt zu treten. Die Welt sehen, hören (Fernsinne), fühlen, riechen, schmecken (Nahsinne), sie sich einverleiben und auf sie wirken, gehören ebenso zu den Mechanismen der Wahrnehmung wie das Sammeln von Eindrücken und Erfahrungen. Die bewusste intentionale Wahrnehmung ermöglicht mithin den Zugang zur Innen- und Außenwelt.

Die Erforschung der Welt auf der Grundlage der sinnlichen Erfahrung verhilft uns zudem zum Erkennen von sehr komplexen Zusammenhängen. Dabei dient die intentionale Wahrnehmung als ein Prozess der Informationsaufnahme, der von einem Komplexreiz über die Sinnesorgane im zentralen Nervensystem koordiniert und verarbeitet wird. Der objektive Vorgang (Perzeption) umfasst die

Aufnahme und Verarbeitung eines aufgenommenen sensorischen Reizes (Umwelt- und Körperreize) bis zum Antreffen im Gehirn. Der subjektive Vorgang (Apperzeption) ist die Verarbeitung der Sinneseindrücke zu subjektiven Empfindungen und damit zur individuellen Bewertung der Wahrnehmungen. Dabei kommt unseren sinnlichen Erfahrungen eine zentrale Bedeutung zu. Damit wird die Wahrnehmung zu einem subjektives Erleben mit der Verankerung des Leibes in der Welt, in der wir leben. Die Subjektivität stellt daher die Grundlage und Voraussetzung des Lernens, des Sprechens und der geistigen Entwicklung dar.

Was den Autismus betrifft, wird er nach der Wahrnehmungspsychologie als ein Zustand von Menschen mit geistiger Behinderung und damit mit einer Störung in der Wahrnehmung betrachtet. In älteren Studien mit schwer beeinträchtigten autistischen Kindern wurden sensorische Probleme auf der Ebene des Empfindens festgestellt. Daraus wurde geschlossen, dass ein Reiz bei der Aufnahme in den Sinnesrezeptoren nicht adäquat verarbeitet wurde. Diese Störung besteht demnach aus einer Dysfunktionalität der Weiterleitung der Informationsüberträger (Signale im Gehirn).

Neuere Studien mit durchschnittlich intelligenten von Autismus betroffenen Kindern können diese Ergebnisse nicht bestätigen. Man geht von einer generellen Entwicklungsverzögerung und nicht wie früher von autismusspezifischen, sensorischen Problemen aus.[46] Man glaubt zudem, Synästhesien, d.h. Vermischungen der Sinneskanäle und Informationen, bei Menschen mit Autismus nachweisen zu können. Weiterhin belegen verschiedene Studien, dass Autisten sich mehr auf sinnliche Details orientieren, als dass sie Gegenstände in ihrem Ganzen wahrnehmen.

Nach Merleau-Ponty ist Wahrnehmung nicht mit Erinnerung identisch und umgekehrt. Wahrnehmen ist keineswegs das Erleben einer Vielfalt von Impressionen, sondern die Erfahrung eines immanenten Sinnes aus einer Konstellation von Gegebenheiten. Damit weist er auf die Komplexität der Wahrnehmung hin. Die Wirklichkeit ist zu beschreiben, nicht zu konstruieren oder zu konstituieren. Unser Leib ist verankert in der Welt. Er ist das Bindeglied zwischen der

Außen- und Innenwelt. Er ist weder ein Objekt, noch ist er auf ein reines Bewusstsein reduzierbar. Das Subjekt der Wahrnehmung ist der Leib. Die Empfindungen stellen den Kontakt mit der Wirklichkeit her. Sie sind primär intentional.

Der Leib ist Träger aller Sinnesfunktionen. Über die Empfindungen meines Leibes erfahre ich mich und der Umwelt. Die Befindlichkeit des Leibes liegt in seiner Sinnlichkeit. Sinne und Befindlichkeit erschließen meinen Leib mit der existierenden Welt. Die Leiblichkeit ist ein Aspekt der Erschlossenheit des Daseins mit der existierenden Welt. Mit meinem Leib erlebe ich meine Umwelt. Das räumliche Vorhandensein des Leibes in der Welt ermöglicht seine Wahrnehmung und sein Erleben, d.h. mit meinem Leib ist die Unmittelbarkeit von äußerlichen und innerlichen bewussten Wahrnehmen und Erleben verwoben, wobei die Bewusstseinserkenntnis eines Wahrnehmungserlebnisses vom intentionalen Gehalt abhängig ist. Hier ist die Frage, wie weit der intentionale Gehalt bei vom Autismus betroffenen Menschen entwickelt ist. Dieser Aspekt wurde in der Forschung bisher nicht berücksichtigt.

Die aufgeworfene Frage, wie sich das Phänomen der Selbstverletzung eines autistischen Kindes ohne wahrnehmbare emotionale Regung für den Wahrnehmenden erklärt, ließe sich aus der bisherigen Erarbeitung wie folgt verstehen: Innere Regungen, die mit Angst besetzt sind sowie äußere Veränderungen der Welt, die ebenfalls mit Angst verknüpft sind, lassen das betroffene Kind seine Identität und sein Sein in Frage stellen. Durch die Selbstverletzungen als schmerzhafte Erfahrungen versucht es das exstatische Gefühl zu beenden und die Beziehung mit sich selbst wieder zu erlangen. Es empfindet das autoaggressive Verhalten nicht als Bedrohung, sondern als Wiederherstellung seiner inneren Ruhe. Eine schwach ausgebildete Identität geht immer mit der Frage „Wer bin ich?" und nicht „Wie bin ich?" einher.

3.2 Formen von Wahrnehmungen

Wissenschaftliche Forschungen der Neurobiologie verhalfen uns zu neueren Erkenntnissen auch über unsere Wahrnehmung. Danach wird das Sehen, Hören oder Tasten nicht peripher mit den Augen, Ohren oder Händen, sondern zentral im Gehirn vollzogen. Visuelle Wahrnehmung ist stets Farbe, Licht, Bewegung und Gestalt als Form im Raum, die sie sich selbst uns leibhaftig zeigt und vor uns steht. Bei der auditiven Wahrnehmung nehmen unsere Sinnesorgane Tönen, Geräusche und Laute auf.

Auditive Wahrnehmung ist nicht auf das Gesichtsfeld eingeschränkt und kann aus unterschiedlichen räumlichen Stellen kommen. Ihre Räumlichkeit ist auf ein zeitliches Intervall beschränkt. So sprechen wir z.b. in der Musik von Pausen. Wahrnehmungen werden in Signale übersetzt und leiten sie an das Gehirn weiter, wo sie in vielen aufwendigen Verarbeitungsschritten mit enormer Leistung zu Sinneseindrücken verarbeitet werden. Erlebnis und Empfinden sind wichtige Qualitäten der subjektiven Wahrnehmung.

Das Resultat dieser Arbeit ist das bewusste Wahrnehmungserlebnis. Kleine Kinder müssen alle Fähigkeiten der Formen der Wahrnehmung noch lernen, da sie am Anfang ihres Lebens geringfügig vorhanden sind. Mit fortschreitender Altersentwicklung lernen sie, sich an neue Bedingungen anzupassen und Anforderungen zu bewältigen, wobei sie stetig ihre Sinnesfunktionen nach und nach zu einer bewussten Wahrnehmung entwickeln. Die wahrgenommene äußere Welt ist mit einem Erlebnis verbunden, das durch einen intentionalen Gehalt die Erfüllungsbedingung festlegt. Mein Ziel hier ist nicht, neurobiologische Funktionen der Sinne darzustellen, sondern einen verständlichen Überblick über Verbindungen und Zusammenhänge der Wahrnehmung, des Wahrnehmungserlebnisses und des intentionalen Gehalts auszuarbeiten, um einen neuen Blick über die Thematik der Wahrnehmungsstörungen im Autismusspektrum zu richten.

„Was soll ich zu dem Thema über das Hören als Philosoph etwas sagen? Ich bringe meinerseits das denkende Verständnis mit, das man die Lebenswelt nennt."[47] Das Hören muss sich gegen das Primat des Sehens behaupten. Dies hat bereits Aristoteles erkannt. Während das Sehen noch die meisten Unterschiede sichtbar macht, bezieht sich das Hören auf das Unsichtbare und alles, was man denkt, weil es die Sprache gibt. Im Hören geht es immer auch um Verstehen. Denn Verstehen ist artikuliertes Sprechen.

Im Gegensatz zum Sehen geht es beim Hören um die Anschaulichkeit der Sprache und um die innere Bezogenheit des Hörenden im Hinhören und Verstehen. Hören und Verstehen ist untrennbar. Sprache besteht nicht nur aus Sprachlauten, sondern auch aus der Gestikulation des Sprechenden, die sich zu einer überzeugten Einheit vereinigen. Es gibt sowohl ein Hören ohne zu verstehen, wie auch ein Verstehen ohne zu hören, wie das Denken (lógos), das so etwas ist wie das innere Wort, das noch gar nicht in einer sprachlichen Form artikuliert zu sein braucht.

Auch Augustinus unterschied zwischen innerer und geäußerter Stimme. Ein gesprochenes Wort ist nicht mehr meines, sondern ich gebe es dem Hörer Preis. Ein gesprochenes Wort kann ich nicht mehr zurückgerufen werden. Es ist das Wort, das den anderen in seinem Verstehen erreicht. Im Dialog zwischen Mutter und Kind wird mit dem Wort ein Miteinander, eine Nähe zueinander geschaffen. Das Wort, was gesprochen und gehört wird, vermittelt dem Kind im Dialog der Auseinandersetzung eine Grunderfahrung menschlichen Lebens, sich miteinander zu verstehen.

3.3 Emotionalität und Bewusstsein

Emotionen sind Erscheinungsformen eines geistigen Phänomens. Sie werden in mentalen Zuständen und mentalen Dispositionen gebildet. Zu den mentalen Zuständen gehören z.B. die Wahrnehmungen und Empfindungen. Im emotionalen Erleben, das nach außen (Wahrnehmungen) und innen (Empfindungen) gerichtet ist, öffnet und äußert sich der Mensch in seinem Dasein, d.h. er erschließt sich durch seine Gefühle die Welt.[48] Erlebnis ist eine Leistung des Bewusstseins Sie sind ein integraler Bestandteil von Denkprozessen und von

Selbst- Bewusstsein. Emotionen wie Furcht, Wut, Sorge usw. wirken auf das vegetative Nervensystem, lösen körperliche Verspannungen und führen zur Veränderung des Blutdrucks sowie des Atems. Dadurch wird das menschliche Verhalten mitbestimmt.

Wahrnehmungen, Empfindungen, Erleben, Denken, Handeln oder Erinnern sind mit emotionalen Aspekten verknüpft.[49] Das Bewusstwerden unserer emotionalen Zustände ermöglicht das Erkennen des Anfangs eines Selbstsinnes. Emotion und Bewusstsein sind unterschiedliche Phänomene, wohl aber miteinander verknüpft. Zudem sind Emotionen als Reaktionen auf äußere und innere Einflüsse intentionale Akte, die durch Denken, d.h. durch geistige Tätigkeit, gebildet werden.[50] Sie sind daher mentale Zustände oder Zustände zu denen Wahrnehmungen und Empfindungen gehören.[51] Letztere stellen ihrerseits eine Bereicherung für das Leben des Menschen dar, worauf Georgiades zu Recht hinweist: „Die Empfindung entsteht erst in mir, den wahrnehmenden Menschen dadurch, dass sich mein Sinnesorgan und der Reiz begegnen."[52] Mittels seiner Sinnesorgane empfindet der Mensch den Schmerz, nimmt ein Geräusch wahr, sieht die blaue Farbe des Himmels usw.[53] Empfindungen und Wahrnehmungen Sehen Hören, Riechen, etc. beeinflussen und prägen die Qualität unserer Erfahrungen und unserer Erleben.

Mentale Dispositionen wie Ängste, Wünsche, Zwangsvorstellungen usw., sind zwar individuell verschieden und entwickeln sich auch je nach körperlichen Befindlichkeiten unterschiedlich. Doch sie wohnen jedem Menschen in der Regel von Geburt an inne und bleiben durch das ganze Leben mit ihm verbunden. Mentale Zustände und mentale Dispositionen beeinflussen sich gegenseitig und tragen gemeinsam zur geistigen Entwicklung bei. So kann ein einzelner mentaler Zustand eine mentale Disposition auslösen, verstärken, abschwächen sowie auch vollkommen ablösen.

René Descartes ist der erste moderne Philosoph, der eine Emotionstheorie herausgearbeitet hat. Den Passionen als Leidenszuständen der Seele aufgrund ihrer Verbindung mit dem Körper stellte er die Emotionen als Wahrnehmungen oder Gefühle gegenüber. Er will damit sagen, dass Emotionen nur körperlich verursacht werden, d.h. sie beruhen auf einem komplexen Zusammenspiel von physiologischer Erregung, Wahrnehmungsprozessen und Wahrnehmungsmechanismen sowie subjektiven Interpretationsprozessen. Daher sorgen die komplexen Qualitäten von Eindrücken, Emotionen sowie das leibliche Befinden für die subjektive Lebenserfahrung.

Unter Rekurs auf Descartes betrachten manche Philosophen die Emotionen als innere Zustände, die dem Menschen zur subjektiven Selbsterkenntnis befähigen. Durch sein „*cogito ergo sum*" ("ich denke, also bin ich") liefert Descartes den Beweis für die eigene Identität.[54] Das Bewusstsein durch Bewusstsein zu begreifen führt ihn zum Selbstbewusstsein d.h. aufgrund der intentionalen Struktur des Bewusstseins wird Bewusstsein vom Bewusstsein durch sich selbst erfasst:

„Anfänglich also empfand ich, dass ich einen Kopf, Hände, Füße und die übrigen Körperteile besitze, aus denen jener Körper besteht, den ich gewissermaßen als Teil von mir, oder vielleicht sogar gleichsam als Gesamtheit meiner selbst ansah. Ich empfand, dass sich dieser Körper zwischen vielen anderen Körpern befindet, durch die er auf vielfältige angenehme oder unangenehme Weisen affiziert werden kann, und ich bemaß die angenehmen Weisen mittels der Empfindung der Lust, und die unangenehmen mittels der Empfindung des Schmerzes. Abgesehen von Schmerz und Lust empfand ich in mir außerdem auch Hunger, Durst und andere derartige Triebe, und ebenso gewisse körperliche Neigungen, wie die zur Heiterkeit, zur Traurigkeit, zum Zorn und andere vergleichbare Affekte. Abgesehen von den Ausdehnungen der Körper, Gestalten und Bewegungen empfand ich außerhalb von mir an diesen Körpern auch Härte, Wärme und die anderen taktile Qualitäten, so wie darüber hinaus Licht, Farben, Gerüche, Geschmäcke und Töne, aufgrund deren Vielfalt ich den Himmel, die Erde, die Meere und die übrigen Körper voneinander unterschied."[55]

Descartes macht dabei deutlich, wie das Selbstbewusstsein durch die Abwendung von der Außenwelt und Hinwendung zur Innenwelt zustande kommt. Das Wissen von und für sich in seiner Selbstbeziehung wird dadurch belegt, dass die Grundbedeutungen des Selbstbewusstseins das Bewusstsein vom Ich ist, d.h. eine Selbsterkenntnis aus der Perspektive des anderen.[56]

Edmund Husserl stellt in der Phänomenologie, in seinen Buch „Logische Untersuchungen", das Bewusstsein als einen Zentralen Begriff dar. Er bestimmt den Begriff des Bewusstseins in seinen intentionalen Eigenschaften d.h. Bewusstsheit ist Bewusstsein von etwas. Es gilt das wie der Phänomene in eine Wesensschau in der Einheit des Bewusstseins (in seinen verschiedenen Akten) zu erfassen. Er nimmt zunächst in Anlehnung an Brentano eine Unterscheidung zwischen psychischen und physischen Phänomenen oder Erscheinungen vor.[57] Die physischen Phänomene ordnet er der Natur sowie der objektiven Welt zu. Mit den psychischen Erscheinungen verbindet er die Empfindungen, die Erlebnisse und die Vorstellungen etc. Nach Husserl sind Erinnerungen, Wahrnehmungen, Vorstellungen sowie Gedanken, Akte oder Bewusstseinsinhalte. Sie beziehen sich auf das Ich und seine Erlebnisse d.h. dessen wir uns bewusst sind. Sie können imaginäre, konkrete, gedachte Erlebnisse sein und müssen nicht existieren. Der Inhalt des Bewustseins ist nicht das, auf das es sich bezieht. Das was das Bewusstsein als Ganzes konstituiert, sind die Erlebnisse.[58]

So ist Bewusstheit immer Bewusstsein von etwas, gegenwärtig in einer bedeutungsintentionalen Eigenschaft. Ein Bewusstsein zu haben, heißt über unterschiedliche Wahrnehmungsfähigkeiten zu verfügen. Somit beruhen die verschieden Formen von Bewusstem auf individuellem, kollektivem und reflexivem Wissen.

Davon ausgehend unterscheidet Husserl drei Bewusstseinsbegriffe:

1. Bewusstsein als der gesamte reelle phänomenologische Bestand des empirischen "Ich" als Verwebung der psychischen Erlebnisse in der Einheit des Erlebnisstroms.
2. Bewusstsein als inneres Gewahrwerden von eigenen psychischen Erlebnissen.
3. Bewusstsein als zusammenfassende Bezeichnung für jederlei „psychische Akte" oder „intentionale Erlebnisse"[59]

Mit der Einheit des Erlebnisstromes weist Husserl auf das innere Zeitbewusstsein hin. Unter Punkt 2 weist er auf das innere Bewusstsein als innere Wahrnehmung mit intentionaler Struktur hin. Damit wird zum Ausdruck gebracht, dass sich psychische Phänomene aus zwei Akten konstituieren, wobei sich der eine auf ein Objekt, der andere auf sich selbst bezieht. Verliert jemand das Bewusstsein, so verliert er das gegenwärtige Erleben der Wahrnehmung des Daseins.[60] Die Erschließung der Welt ist ihm nicht mehr gegeben.

Zur Erläuterung: Die Plastizität des Gehirns eröffnet dem Menschen mit seiner Geburt die kulturelle Ausgestaltung natürlicher Eigenschaften. Die Entwicklung des menschlichen Körpers beginnt danach mit der Befruchtung einer einzigen Zelle und bildet sich innerhalb von neun Monaten mit all seinen Organen aus. Die Erfahrungen des Fötus sind von Anbeginn ein wichtiger Bestandteil seiner Entwicklung. Die erste sinnliche Erfahrung erlebt der Fötus über seine Haut, die durch die rhythmischen Bewegungen der Mutter beim Sitzen, Laufen oder Liegen erzeugt werden. Ab dem vierten Schwangerschaftsmonat ist das Gehör als Sinnesorgan ausgebildet.[61]. Der Fötus erschließt sich in einer akustischen Welt. Ohren und Haut die den Schall aufnehmen werden durch das Gehirn als Wahrnehmung verarbeitet. Rhythmisches Pulsieren des Herzens und der Aorta, Rauschen des Fruchtwassers sowie Klang, Rhythmus und melodische Modulation der Stimme der Mutter sind primäre intrauterine Erfahrungen, die die Hirnrinde aktivieren und den Körpertonus beeinflussen, abgesehen von humoralen Vorgängen.[62]

Diese vorsprachlichen Dialoge sind sensorisch dominierte Erlebnisse und bilden die Basis für vorsymbolische Erfahrungen. Affektive Stimmungen ermöglichen die Förderung der präverbalen Interaktionen und Kommunikationen mit seinen Primärpersonen. Sebastian Leikert bemerkt dazu Folgendes:

„Ruft der hungrige Säugling die Mutter, so erhält er als Antwort nicht allein die Brust, sondern eine Gesamtsituation aus oraler Versorgung, taktiler und auditiv beruhigender Resonanz. Die Gabe der Stimme ist dabei für die Differenzierung und das Wachstum der psychischen Beziehung wesentlich. Diese Dialoge dienen dem Ausdruck und der Differenzierung lustvoller emotionaler Zustände, in denen eine Abstimmung zwischen Subjekt und Objekt die Bindung vertieft"[63]

Bei rhythmischen Berührungen der Hautoberfläche des Säuglings beim Stillen, Wiegen, Pflegen oder Gehalten werden befindet er sich in einem interaktiven, dynamischen Dialog mit seiner Mutter. Diese frühen wechselseitigen, kontextbezogenen, sensorisch dominierten, emotionalen Erfahrungen der Mutter-Kind-Beziehung fördern sowohl die geistige und psychomotorische Entwicklung als auch die soziale Integration des Kindes. Zudem ermöglichen die konstanten Beziehungen und die kontextbezogenen Erfahrungen die Entfaltung eines explorativen Verhaltens und die Entwicklung von intentionalen Fähigkeiten beim Kind. Die Verbindung der Erfahrungen zwischen den körperlichen und den affektiven Eigenschaften von sensorischen Wahrnehmungen, Emotionen und motorischem Verhalten erlauben dabei dem Kleinkind, sich über den elementaren sensomotorischen Stand hinaus zu entwickeln, ein zweckgerichtetes Verhalten zu bilden sowie die funktionalen symbolischen Fähigkeiten auszubilden.

Nicht zuletzt stellt die konstante Integration der Erfahrungen eine Erweiterung der elementarsten Formen menschlicher Erlebnisse sowie verschiedener Aspekte seiner Entwicklung dar:

„Die Leistung der eigentlichen Symbolbildung erlaubt es, sich als Person zu erleben, seine eigenen Gedanken zu denken und seine Gefühle zu fühlen. Auf diese Weise werden Gedanken und Gefühle in hohem Maße als persönliche Schöpfungen erlebt, die verstanden (interpretiert) werden können. So entwickelt man – wie immer sich das auswirken mag – ein Gefühl der Verantwortlichkeit für das eigene psychische Handeln (Gedanken, Gefühle und Verhalten)."[64]

Die Dialektik der Erfahrungen in sensorisch dominierten Sinneswahrnehmungen und Sinneseindrücken im vorsymbolischen Stadium stellt eine Integration der Erfahrungen von elementarsten Formen menschlichen Erlebens dar. Sie ist die primitive psychische Organisation und ist von Geburt an wirksam. Wie wir bereits in dem vorherigen Kapiteln sehen konnten, gehen neure Forschungen von multiplen genetischen, neuroanatomischen und neurochemischen Faktoren und pränatalen Entwicklungsprozessen aus, die zu einer Prädisposition für einen Autismus führen können.

Wird beim Kind das Erleben der Mutter als Vermittler zwischen Umwelt und Objekt erschwert, reagiert es mit Ängsten. Steigern sich seine Ängste, nehmen seine Abwehrmechanismen entsprechend zu. Die Fähigkeit des Kindes Handlungen, Empfindungen, Gefühlsintentionen, mit entstehenden Symbolen und motorischer Planung zu verknüpfen wird gestört. Es entstehen Defizite in emotionalen, kognitiven, sozialen, motorischen und sprachlichen Bereichen.[65]

Aus der Prädisposition entsteht so psychologisch eine autistische Struktur. Aus meiner langjährigen Erfahrung in der Betreuungsarbeit mit Kindern mit frühkindlichen Entwicklungs- und Regulationsstörungen, zu denen auch Kinder mit ASS gehören, kann ich bestätigen, dass durch eine intensive, unterstützende, pädagogische Förderung, die emotions- und motivationsorientiert ausgerichtet ist, ein wesentlicher Beitrag zur Entwicklungsförderung dieser Kinder geleistet werden kann. Das Kind lernt in der Interaktion mit dem Betreuer seine Empfindungen.

Die intentionalen Emotionen verhelfen ihm, Wahrnehmungen und Handlungen zu differenzieren und zu trennen. Das Aushalten und Sicheinlassen in zielgerichtete, emotionalen Handlungen in der wechselseitigen Kommunikation und Interaktion (Betreuer – Kind – Umwelt), die regulierend auf seine Gefühle wirken, fördern das abstrakte Denken und die Kreativitätsentwicklung. In den emotional- und erlebnisorientierten Spielen lernt es ausgerichtete Emotionen mit Handlungen zu verknüpfen und zu abstrahieren. Die Entwicklung von höheren geistigen Prozessen verhelfen dem Kind, ein Bewusstsein und Selbstbewusstsein (z.B. Simon) zu entwickeln.

Zusammengefasst sind Subjektivität, Intentionalität und Bewusstseinsformen die wichtigen Eigenschaften von geistigen Phänomenen, die in komplexen Weisen mit Emotionen miteinander in Beziehung treten, einander beeinflussen und aufeinander einwirken.

3.4 Intentionale Aspekte

Intentionalität bezeichnet die Ausrichtung (Zielgerichtetheit) des Handelns oder der Gefühle. Sie ist die Eigenschaft des Geistes sich auf Gegenstände und Sachverhalte in der Welt zu beziehen. Aufgabe der Intentionalitätstheorie ist es, die Fähigkeit des Menschen, sich in unterschiedlicher Weise auf existierende und nicht existierende Gegenstände richten zu können, zu analysieren und verständlich zu machen. Intentionalität kann durch die mentalen Eigenschaften exemplifiziert werden und vermittelt zwischen Wahrnehmungssubjekt und Wahrnehmungsobjekt. Augustinus bezeichnet mit ´intentio´ die vom Betrachter geleistete Aufmerksamkeit, Etwas- als- Etwas wahrzunehmen. In der deutschen Sprache wird es als Substantiv "Intention" verwendet, das "Absicht", "sich auf etwas richten" oder "hinwenden" bedeutet.[66]

Ausgehend von seinen Studien über Aristoteles führte Franz Brentano im 19. Jh. den Begriff "Intentionalität" wieder ein. Er unterteilte die Welt in zwei großen Klassen. In die Klasse der physischen und in die der psychischen Phänomene.[67] Während alle physischen Phänomene „ausgedehnt und räumlich erscheinen", sind es die psychischen, „welche keine Ausdehnung und „örtliche Bestimmtheit zeigen".[68] In seiner Theorie, wonach „Bewusstsein immer ein Bewusstsein von etwas" ist, ist die Intentionalität das Gerichtetsein des Bewusstseins auf sein Gegenstände. Alle mentalen Zustände können sich auf etwas ausrichten, aber physikalischen Zuständen wird keine Intentionalität zugebilligt.

Intentionalität markiert eine Grenze zwischen dem Mentalen und dem Physischen. Demnach haben psychische Phänomene wie Lieben, Hassen und Denken eine intentionale Struktur eigen. Die "intentionale Inexistenz" dient Brentano zur Wesensbestimmung psychischer Phänomenen, die durch ihre Beziehung auf einen Inhalt gekennzeichnet und auf ein Objekt gerichtet sind, welche intentional einen Gegenstand in sich enthalten.[69] Darin drückt sich der intentionale Charakter des Bewusstseins aus, dass Bewusstsein immer Bewusstsein von etwas ist.

Intentionale Zustände werden als Repräsentationen aufgefasst, die durch einen psychischen Modus (Übertragung, Wunsch, Wahrnehmung, Absicht usw.) und einen Gehalt ausgezeichnet sind, in denen ein Objekt, Ereignis oder Sachverhalt unter einem bestimmten Aspekt vorgestellt wird. Während alle intentionalen Zustände einen repräsentationalen Gehalt haben, muss der spezifizierte Gegenstand darin nicht existieren und ein ausgedrückter Sachverhalt nicht zutreffen. Der psychische Modus gibt die Beziehung an, in der man zu dem Gehalt steht. Ich kann z. B. wahrnehmen, wünschen, hoffen oder befürchten, dass die Sonne scheint. Die Aufgabe der Theorie der Intentionalität besteht darin, die Fähigkeit des Menschen, sich in unterschiedlichen Weisen auf existierende und nicht existierende Gegenstände richten zu können, zu analysieren und verständlich zu machen.

Husserl übernimmt Brentanos Begriff der Intentionalität als Grundbegriff in der Phänomenologie. Demnach ist Intentionalität ein Akt des Bewusstseins, das sich auf intentionale Gegenstände (wahrgenommene, vorgestellte, gewünschte usw.) bezieht, wobei es sich nicht um reale Gegenstände handeln muss.[70] Mit der Reduktion und die Epoché (Ausklammern, Einklammern), als phänomenologische Methoden, wird die Analyse und Reflexion der intentionalen Bewusstseinsstruktur ermöglicht.[71] Die Reduktion hat mehrere Aspekte: a) Indem das Reduzierte im Blick gebracht und thematisiert wird, b) indem der Blick, von dem was reduziert wird, auf das das reduziert wird, gebracht wird, erreicht die Phänomenologie eine Einstellungsänderung. EHusserl unterscheidet außerdem (wie Brentano) zwischen reellem (Wahrnehmung, Empfindung) und irreellen (intentionalen) Gehalt. Reelle Gehalte werden als 'Noesis' bezeichnet, der irreelle Gehalt des Bewusstseins als 'Noema'.[72]

Für Husserl ist es wichtig, die Unterschiede zwischen der spezifischen phänomenologischen Sichtweise und der Selbstbeobachtung auf das mentale Leben zu verdeutlichen. Die phänomenologische Forschung, die er als „Wesenserfassung" bezeichnet, und die Rolle der Wahrnehmung in der Methode der Wesenserklärung, zielen unter einer radikalen Perspektive auf die Beschreibung mentaler Zustände. In der Selbstbeobachtung können wir nicht das Vorliegen von Intentionalität introspektiv erkennen.

4 Die Ethische Grundhaltung in der Betreuungsarbeit

Die Betreuungsarbeit ist als ein Prozess der Wiederherstellung des motivierenden Faktors für das Wachstum und die Entwicklung des Kindes zu verstehen. Kinder mit frühen Entwicklungs- und Regulationsstörungen bedürfen ein Mehr an Impulsen, Emotionen und selbstregulatorischen Kompetenzen, was die Vater-Mutter- Kind- Interaktion mit beeinflusst. Aus der Bindung zwischen "Kind – Betreuer" ergibt sich ein Miteinanderfühlen auf der Grundlage des wechselnden Erlebens mit den entsprechenden situativ reagierten Affekten.

Mit dem Gefühl des Gewahrseins beginnt somit gleichzeitig eine dynamische Beziehung wechselseitiger Verpflichtungen. Diese bietet dem Kind ein verlässliches und dauerhaftes Setting, in dem es sein Selbst und den anderen erforschen lernt, wodurch die Erfordernisse der Entwicklung wiederhergestelllt werden. Aus der Beziehung einer Dyade, den gemeinsamen Erfahrungen, Reaktionen, Verhalten und affektiven Entfaltungen, lernt das autistische Kind sich seiner Wahrnehmungen, Bedürfnisse und Gefühle, bewusst zu werden, sich auszudrücken, sich nach und nach in eine tragfähige Beziehung einzulassen, um seine Erfahrungen zu integrieren ohne einen Sicherheitsverlust befürchten zu müssen.

Eine wichtige Grundhaltung in der Betreuungsarbeit von hohem, ethischen Wert ist das gemeinsame Miteinanderfühlen.[73] Diese Form des Gefühls erlaubt beiden, Betreuer und Betreutem, ein intentionales Miteinandererleben ohne dass einer vom anderen oder das Erlebnis verdinglicht wird. Miteinanderfühlen ist etwas anderes als Mitfühlen (Mitleid), als Empathie oder Einsfühlen. Das Erschließen des Miteinanderfühlens ermöglicht das Aufbauen und die Teilnahme eines Mit- da- seins und Mitseins in der Gemeinschaft.

Es wird nun Max Schelers Analyse des Miteinanderfühlens rekonstruiert, um die besondere Rolle der Gefühlskategorie, die in der Betreuungsarbeit spielt, verständlich zu machen. Max Scheler hat in seinea 1913 erschienenen Buch „Wesen und Formen der Sympathie" als einziger Philosoph bis heute die Differenzierung des Miteinanderfühlens und die Unterschiede der Gefühlskategorie von den anderen Kategorien der Gefühle wie das Nachfühlen, die Gefühlsansteckung, Einsfühlen und das Mitfühlen erarbeitet.

Scheler unterscheidet das „Nachfühlen und Nachleben" vom „Mitfühlen". „Das <Nachfühlen> und <Nachleben> haben wir also vom <Mitfühlen> streng zu scheiden. Es ist wohl ein Fühlen des fremden Gefühls, kein bloßes Wissen um es oder nur ein Urteil, der andere habe das Gefühl; gleichwohl ist es kein Erleben des wirklichen Gefühls als eines Zustandes. Wir erfassen im Nachfühlen fühlend noch die Qualität des fremden Gefühles – ohne dass es in uns herüberwandert oder ein gleiches, reales Gefühl in uns erzeugt wird".[74] Es ist ein Fühlen eines fremdes Gefühls, ohne es zu erleben. Das „Nachfühlen" eines fremden Gefühls setzt Erfahrungen voraus und wird aus den Erfahrungen nachgefühlt. Dabei gilt: „was Hänschen nicht lernt, lernt Hans nimmermehr".[75] Es wird das Gefühl im Nachfühlen erfasst, ohne dass ein reales Gefühl in uns erzeugt oder herüberwandert. Nachfühlen und Nachleben impliziert keine „Teilnahme" am fremden Erleben.[76] Dieses Nachfühlen kann aus eigenen Erfahrungen gespeist werden oder aber auf einer anderen Ebene z.B. eine abstrakte Einsfühlung sein: „Die Einsfühlung muss sich ja keineswegs notwendig auf alle oder auch nur auf einen bestimmten Teil der konkreten

Zustände miterstrecken, die das Subjekt besitzt, in das hinein sie stattfindet. Sie kann also je konkrete oder nur abstrakte Einsfühlung sein (und dies in allen Graden). Ich kann mich je eins fühlen mit allem Lebendigen mit der Menschheit als Ganzem mit einem Volk, einer Familie, ohne dabei alle konkreten Gefühlszustände mit zu erfassen, die meine Einsfühlung besitzt."[77]

Scheler führt also auf, dass die Qualität des Zustandes im Nachfühlen aus Erfahrung nachgefühlt wird, auch ohne dass ein sich Einsfühlen stattfinden muss.[78] Dem Nachfühlenden ist das Gefühl des anderen in seinem Ausdruck direkt präsent, sich schämen z.B. im Erröten. Der leibliche Ausdruck ist ein symbolisches Gefühl. Das Subjekt muss erst sein Gefühlsleben entwickeln, wie auch sein Verständnis der Gefühle der anderen.[79] Nachfühlen und Mitgefühl schließt Einsgefühl und echte Identifizierung vollständig aus.[80] Es ist intentional gerichtet auf ein fremdes Gefühl. In dem anschaulichen Wesenszusammenhang ist unmittelbar Ich und Erlebnis gegründet.

Im Folgenden sollen die vier Formen des Mitgefühls von Scheler dargestellt werden. Er unterscheidet und grenzt das Miteinanderfühlen vom unmittelbaren Mitfühlen eines und desselben Leides „mit jemand", dem Mitgefühl „an etwas", Mitfreude „an" seine Freude, Mitleid „mit" seinem Leid, von der bloßen Gefühlsansteckung und Einsfühlung ab. Er benutzt ein extremes Beispiel elterlicher Trauer: Vater und Mutter stehen an der Leiche eines geliebten Kindes. Sie fühlen miteinander <dasselbe> Leid, <denselben> Schmerz. Hier wird über das Beispiel, das Leid der Eltern über den Verlust des Kindes, das Miteinanderfühlen eingeführt.Scheler grenzt das Miteinanderfühlen vom 1) parallelen Fühlen (mit beidseitigem Wissen) und 2) dem Mitfühlen ab. 1) Das heißt nicht, A fühlt dieses Leid und B fühlt es auch, und außerdem wissen sie noch, dass sie es Fühlen, nein es ist ein Miteinanderfühlen.

2) Das Miteinanderfühlen wird dem Mitleid (Mitfühlen) gegenüber gestellt: „Das Leid des A wird dem B hier in keiner Weise gegenständlich, so wie es z.B. dem Freund C wird, der zu den Eltern hinzutritt und Mitleid <mit ihnen> hat oder <an ihrem Schmerze> hat. Nein, sie fühlen es <miteinander> im Sinne eines Miteinander-fühlens, eines Miteinander-erlebens, nicht nur <desselben> Wertverhalts, sondern auch derselben emotionalen Regsamkeit auf ihn."[81]

Eine weitere Differenzierung wird hier ersichtlich. Der Freund C richtet sein Mitgefühl auf das Leiden von A und B und nicht direkt auf den Tod des Kindes d.h. C empfindet nicht direkt Trauer um das tote Kind, sondern leidet nur an der Trauer und dem Leid der Eltern. Mitleid „ist Leiden am Leiden des anderen als dieses anderen. Dies <als des anderen> gehört in den phänomenologischen Tatbestand hinein". [82]

Scheler unterscheidet hier paralleles Fühlen und Mitleid (Mitfühlen) als „gegenständliches" wohingegen im Miteinanderfühlen genau das nicht passiert. Beide Gefühle sind intentional gerichtet auf das fremde Gefühl. Ein Miteinanderfühlen (Miteinandererleben) ist Fühlen derselben emotionalen Regsamkeit auf den schmerzhaften Verlust des Kindes.

„Alles Mitgefühl enthält die Intention des Fühlens von Leid und Freude am Erlebnis des anderen. .... Aber hier wird das Leid des A als dem A zugehörig zunächst in einem als Akt erlebten Akte des Verstehens oder Nachfühlens gegenwärtig, und auf dessen Materie richtet sich dann das originäre Mit- leid des B. D.h. mein Mitleid und sein Leid sind phänomenologisch zwei verschiedene Tatsachen, und nicht eine Tatsache wie im ersten Falle".[83]

Die Eltern erleben den Verlust und leiden an dem Verlust und dem Tod des Kindes demselben Leid und demselben Wertverhalt bei getrenntem Fühlen. Der Freund der zu den Eltern hinzutritt hat Mitleid mit ihnen. Im Miteinanderfühlen und Mitfühlen „an etwas" geht es nach Scheler um die Gefühle der Anderen als Andere. Auch Fremde, Betreuer und Freunde können Miteinandererleben oder Miteinanderfühlen, wenn ihnen eine gemeinsame emotionale Reaktion abverlangt wird, nicht nur als selbe emotionale Regsamkeit, sondern auch als selber Wertverhalt. Gemeinschaft baut sich auf.[84] Eine Teilnahme am fremden Gefühl, als ein- und desselben Gefühls mit getrenntem und verschiedenem Bewusstsein, versteht Scheler nicht als Funktion, sondern als Funktionsqualität von höchstem ethischen Wert. Mitgefühl und Gefühlsansteckung werden häufig verwechselt.

Die Unterscheidung der Gefühlsansteckung wird an den aufgeführten Beispielen deutlich. So die Lustigkeit in einer Kneipe oder auf einem Fest, das Lachen der Kinder, oder das Erzählen des Leides bei alten Frauen. Hier werden kein Mitleid und kein Wissen über die Gefühle der anderen vorausgesetzt. Es bedarf auch keiner Gefühlserlebnisse. Man stecke sich unwillkürlich bei den anderen an. Es besteht ein unwillkürliches Gefühl, keine Teilnahme und keine Intention am Leid oder auf der Freude des anderen und ist ohne positiven ethischen Wert.[85] Als die extreme Form der Gefühlsansteckung fasst Scheler das Einsfühlen auf.[86]

Das Eigene Ich wird mit dem fremden Ich vermischt oder verschmilzt, es kann keine Differenzierung des fremden vom Eigenen mehr stattfinden. Die Identifikation ist unbewusst und unwillkürlich. Beispiele werden aus der Hypnose, Mysterien, Theater, Puppenspielen von Kindern oder der Schizophrenie aufgeführt. Sie erfolgt vitalkausal und unwillkürlich, ist nicht intentional gerichtet auf fremdes Gefühl. Die echte Einsfühlung (resp. Einsetzung) des eigenen mit einem fremden individuellen Ich ist nur ein gesteigerter Fall, ein Grenzfall der Ansteckung. Sie ist ein Grenzfall, insofern hier nicht nur ein fremder, abgegrenzter Gefühlsprozess unbewusst für einen eigenen gehalten wird, sondern das fremde Ich geradezu (in allen seinen Grundhaltungen) mit dem eigenen Ich identifiziert wird.[87] Es gibt einen positiven ethischen Wert aber keine Teilnahme am fremden Gefühl daher keine Teilnahme am Mitgefühl. Scheler schließt Nachfühlen und Mitgefühl von echter Identifizierung und Einsgefühl vollständig aus.[88] Einsfühlen und Gefühlsansteckung werden als unechte Formen des Mitgefühls bezeichnet.

Die phänomenologische Haltung begünstigt durch das Mitfühlen die subjektive Ich- und die Bewusstseinsbildung des Kindes. Seine geistigen inneren Erlebnisse wecken in ihm Selbstheilungspotenzen.

5 Zusammenfassung und Ausblick

Die Phänomenologie bezieht ihre Erfahrungen aus einer menschlichen Existenz, die ethisch begründet ist. Dabei ist das handelnde Subjekt in seiner Umwelt, die sich in einem intentionalen Kontext konstituiert, in der Daseinsstruktur seiner Leiblichkeit affektiv zentriert. Im gemeinsamen kreativen Spiel, im Sinne des Neuschaffens und Erschaffens von Situationen, Rollen und Gegenständen, erlebt das Kind sich so wie es ist und lernt, sich die Welt anzueignen. Im Spielen „vollzieht" das Kind das Spiel. Spiel und Spielregeln sind im Spielen zusammengebunden, d.h. regelgebundenes Geschehen, auch wenn es sich um ein freies Spielen handelt. Nicht das Verhalten bedingt die Einheit des Spieles. Das Kind befindet sich „dabei", und aus dem Spielen bilden sich die Regeln.

In den behavioristischen Theorien sind diese Verknüpfungen eher in den Hintergrund gerückt. Verhaltensorientierte Konzepte, die das Verhalten und das Lernen zu optimieren versprachen, haben die Bedürfnisse der Kinder in ihrer leiblichen Sinn - Struktur als handelnde Subjekte nicht berücksichtigt. Einmal mehr wird deutlich, dass aus ethischen Gründen weit über eine empiristische, behavioristische, verhaltensorientierte Konstruktion ein wachstumsfördernder Prozess in der Betreuungsarbeit vorzuziehen ist. Das phänomenologisch reflexive Denken zielt auf eine leib- seelisch- geistige Entwicklung und kann konkret in der Praxis fördernd fungieren.

Endnoten

[1] Sven Bölde (Hrsg): Autismus, Bern 2009, Christopher Gillberg, Mary Coleman: The Biology of the Autistic Syndrom, Clinics Developmental Medicine 2000, Nr. 135, 4

[2] Christian Klicpera, Paul Innerhofer: Die Welt des frühkindlichen Autismus, München, Basel 2002, Frances Tustin: Autistische Zustände bei Kindern, Stuttgart, 1989

[3] Eugen Bleuler: Lehrbuch der Psychiatrie, Berlin, Heidelberg, 1972, 12. Aufl., S. 400

[4] Christian Scharfetter: Eugen Bleuler (1857-1939) Polyphrenie und Schizophrenie, Zürich 2006

[5] Leo Kanner: „Autistic disturbances of affectiv contact", Nerv Child (1943), S. 217 -250. Vgl. Eugen Bleuler: Lehrbuch der Psychiatrie, Berlin, Heidelberg, 1972, 12. Aufl. S. 560-62. Wegen seiner eugenischen und rassistischen Ansichten blieb Bleuler jedoch sehr umstritten.

[6] Hans Asperger: "Die autistischen Psychopathen" im Kindesalter, Archiv für Psychiatrie und Nervenkrankheiten, 117, S. 76-136

[7] Lorna Wing: The handicaps of autistic children – a comparative study. Journal of Child Psychology and Psychiatry, 1969, 10, S.1-40. The syndrome of early childhood autism. British Journal of Hospital Medicine, 1970, 4, S. 381-392

[8] Birger Sellin: ich will kein in mich mehr sein. Köln, 1993, S. 178

[9] Vgl. Sven Bölte (Hrsg.): Autismus, Bern, 2009

[10] Vgl. Christoph Müller, Susanne Nussbeck: Informationsverarbeitung bei Kindern mit Autismus, Hamburg, 2006. Christoph Müller: Autismus und Wahrnehmung, Marburg 2007

[11] David Oppenheim hat einen Lehrstuhl für Psychologie an der Universität Haifa in Israel inne und führt seine wissenschaftliche Arbeit am Forschungs-

zentrum für die Kindesentwicklung durch. Er ist Mitherausgeber der Fachzeitschrift Infant Mental Health Journal.

[12] Vgl. Christoph Müller, Susanne Nussbeck: Informationsverarbeitung bei Kindern mit Autismus, Hamburg 2006, Christoph Müller: Autismus und Wahrnehmung, Marburg 2007

[13] Vgl. Nicole Schuster: Ein guter Tag ist ein Tag mit Wirsing, Berlin 2007

[14] Vgl. Daniel Tammet: Elf ist freundlich und fünf ist laut, Düsseldorf 2007, S. 16

[15] Vgl. autismus Deutschland e.V.: Diagnose? – Autismus! – Was tun?

[16] Vgl. Helmut Remschmidt: Autismus, München 2000

[17] Vgl. Sven Bölte (Hrsg.): Autismus. Bern, 2009. In den letzten Jahrzehnten wurde in der Forschung der Zusammenhang zwischen Autismus und Intelligenzminderung gut dokumentiert. Ging man früher bei 80% der betroffenen Kinder von einer Intelligenzminderung aus, neuesten Untersuchungen zufolge sind 30% überdurchschnittlich bis durchschnittlich intelligent, 30% haben leichte bis mittelgradige und 40% schwere bis schwerste Intelligenzminderung.

[18] H. Dilling et al (Hg.): ICD-10 Kapitel V(F), Bern 2005.

[19] Maureen Aarons, Tessa Gittens: Das Handbuch des Autismus, Weinheim und Basel 2007 Helmut Remschmidt: Autismus, München 2000. Toni Attwood: Das Asperger – Syndrom, Stuttgart 2000. Hans E. Kehrer: Autismus, Heidelberg 1995. Michele Noterdaeme: Komorbidität und Differenzialdiagnose, in: Sven Bölte (Hrsg.): Autismus, Bern, 2009

[20] Vgl. John K. Wing: Frühkindlicher Autismus. Weinheim und Basel 1977, 2. Aufl.

[21] Zur Ätiologie nannten bereits Kanner und Asperger einen genetischen Defekt als Ursache für die Entstehung von Autismus. Sabine Klauck führt auf, dass 10% -15% der Fälle mit ASS ein Genomdefekt oder eine Genommutation aufweisen, die den Stoffwechsel beeinflussen. Sabine Klauck: Verhaltensgenetik, Molekulargenetik und Tiermodelle, in: Sven Bölte: Autismus. Bern, 2009.

Christoph Müller, Susanne Nussbeck: Informationsverarbeitung bei Kindern mit Autismus,

[22] Vgl. Joachim Bauer: Warum ich fühle, was du fühlst. München 2006, S.74 Hamburg 2000

[23] Vgl. Niko Tinbergen, Elisabeth A. Tinbergen: Autismus bei Kindern, Berlin und Hamburg 1984

[24] H. Dilling et al (Hrsg.): ICD-10 Kapitel V(F), Bern 2005, weist auf unterschiedliche Formen von Störungen des Sozialverhaltens und der Autoaggressionen hin. Vgl. auch Imre Hermann: Sich- Anklammern- Auf- Suche- Gehen, in: Internationale Zeitschrift für Psychoanalyse, 1936 Bd. 22, Heft 3. Der Psychoanalytiker Imre Hermann weist in seiner Arbeit auf das Phänomen der Autoaggression hin. Er ist der Meinung, dass die Einheit der Dualität Mutter- Kind gestört wird, wenn das Kind frühzeitig vom Körper der Mutter losgerissen wurde. Durch das Trauma entsteht das Gefühl der Angst. Die Verlassenheit führt zur Suche nach Hilfe und zur Suche nach der Mutter. Die Anklammerungswünsche mit der Mutter finden ihren Ausdruck in der Aggression, um die Versagung zu mildern.

[25] Platon: Theaitetos, Sämtliche Werke Band 3, Hamburg 2007, 35. Aufl.

[26] Aristoteles: Über die Seele, Philosophische Schriften, Hamburg 1995, S. 149 ff.

[27] Ibid., 11, 423 b ff.

[28] Ibid., 5, 417 a

[29] John Locke: Ein Versuch über den menschlichen Verstand, Hamburg 1996

[30] Walter Euchner: John Locke zur Einführung, Hamburg 2004

[31] René Descartes: Meditationen, Hamburg 2009, S. 81

[32] René Descartes: Meditationen, Hamburg 2009, S.85

[33] Patrick Spät: Enactivism, in: Allgemeine Zeitschrift für Philosophie, Jg. 33. 3 2008, S. 241, S. 259

[34]Maurice Merleau- Ponty: Phänomenologie der Wahrnehmung, Berlin 1966, S. 3

[35] Edmund Husserl: Logische Untersuchungen, Hamburg 2009

[36] Wilhelm Schapp: Beiträge zur Phänomenologie der Wahrnehmung, Frankfurt am Main 1910, S. 3

[37] Martin Heidegger: Band 17, Frankfurt am Main 2006, S. 7, 8

[38] Peter Prechtl und Franz-Peter Burkard (hrsg.): Metzler Philosophie Lexikon, Stuttgart 1999, S. 435

[39] Bernhard Waldenfels: Phänomenologie in Frankreich, Frankfurt am Main1983, S.169

[40] Vgl. Hans-Georg Gadamer: Subjektivität, Subjekt und Person, Tübingen 2000 GW Bd. 10, S. 87-99

[41] Zum Begriff Selbstheit, Selbigkeit und Selbstkern vgl. P. Ricoeur: 1996 und 1991, Band I-III, Nach E. Fink ist die Selbstheit (lat. ipseitas, engl. selfhood, fr. ipséité) eine „stumme", syntone Form der Identität, wo die Referenz zwischen dem Selbst und dem anderen erstellt wird. Eine Selbstheit ist selbstverständlich je das meine. Die Selbigkeit (lat. idemitas, engl. sameness, fr. memeté) ist eine selbstreflexive, selbstansprechende Form, indem behauptet wird, ich meine mich selbst als solcher oder solcher, wobei diese Qualitäten oder Rollen phänomenologisch sehr unterschiedlich, sogar widersprüchlich sein können. Hier wird das Grundverhältnis zwischen dem Ich d.h. kein anderer und dem Nicht-Ich (in letzter Konsequenz zwischen dem Ich und dem Fremden) geschaffen. Freiburg 1977, S. 11-27

[42] Unter Triangulierung ist hier die Beziehung zwischen Mutter - Kind - Raum zu verstehen. In diesem interaktionalen Raum wird im zeitlichen Ablauf die Entwicklung des Kindes von statten gehen. Ist die Intentionalität des Kindes, wie beim Autismus gestört, zieht es sich aus dem interaktionalen Raum zurück.

[43] Sie reagieren mit Ängsten, wenn man ihnen die Möbel in ihrem Zimmer verändert oder wenn Objekte nicht mehr in den von ihnen gewohnten Platz stehen. Jegliche auch leichte Verrückung oder Veränderung seiner Ordnung

führt zu Irritationen und geht mit Ängsten einher, die sich bis zu Panikattacken steigern können. Hier wird die schwach ausgebildete primäre Identität durch die Objekte kompensiert.

[44] Paul Ricoeur: Das Selbst als ein Anderer, München 1996, S. 151

[45] Vgl. Jürgen Jahnke: Interpersonale Wahrnehmung, Stuttgart, Berlin, Köln, Mainz 1975, E. Bruce Goldstein: Wahrnehmungspsychologie, Berlin, Heidelberg 2008.

[46] Vgl. Christoph Müller; Susanne Nußbeck: Informationsverarbeitung bei Kindern mit Autismus, Hamburg 2006

[47] Hans -Georg Gadamer: Hermeneutische Entwürfe, Tübingen 2000, S. 48

[48] Vgl. Ernst Mach: Die Analyse der Empfindungen und das Verhältnis des Physischen zum Psychischen, Berlin 2008, Heiner Hastedt: Gefühle, Stuttgart 2005. Er führt aus, dass es nicht möglich ist, Gefühle nicht zu haben, und dass sie unser Leben immer prägen. Er differenziert die Gefühle in folgende Begriffsgruppen: Leidenschaften, Emotionen, Stimmungen, Empfindungen, sinnliche Wahrnehmungen, erkennende Gefühle und Gefühlstugenden, die wiederum einen inneren und einen äußeren Kreis bilden. In den inneren Kreis gehören Leidenschaften, Emotionen Stimmungen und Empfindungen, in den äußeren Kreis sinnliche Wahrnehmung, erkennende Gefühle und Gefühlstugenden.

[49] Vgl. Otto. F. Bollnow: Das Wesen der Stimmungen, Würzburg 2009, Hermann Schmitz: Leib und Gefühl, Bielefeld und Locarno 2008, Antonio Damasio: Descartes´ Irrtum, Berlin 2007. Er betont, dass Gefühle durch einen geistigen Prozess ausgelöst werden, der willkürlich und automatisch ist. Er unterscheidet zwischen primären (angeborenen und präorganisierten) und sekundären Gefühle (geistige Bewertungsprozesse und dispositionelle Reaktionen auf diesen Prozess).

[50] Vgl. Margit Koemeda- Lutz: Intelligente Emotionalität, Stuttgart 2009, Joseph Ledoux: Das Netz der Gefühle, München 2010, Mark Galliker: Psychologie der

Gefühle und Bedürfnisse, Stuttgart 2009 , Martha C. Nussbaum: Konstruktion der Liebe, des Begehrens und der Fürsorge, Leipzig 2002

[51] Vgl. Richard Wollheim: Emotionen, München 2001,

[52] Thrasybulos Georgiades: Nennen und Erklingen, Göttingen 1985, S.120

[53] Maurice Merleau- Ponty: Phänomenologie der Wahrnehmung, Berlin 1966, S. 21-23. Er unterscheidet folgende Empfindungen: Die Affizierung, die Erfahrung eines Zustandes meiner selbst und Empfundenes, die Qualitäten als Eigenschaften eines Gegenstandes.

[54] René Descartes: Meditationen, Hamburg 2009

[55] René Descartes: Meditationen, Hamburg 2009, S. 81,82

[56] Mit dem Erwerb der Sprache fühlt sich das Kleinkind als Bestandteil der Welt. In einer späteren Lebensphase seiner Entwicklung ist es fähig, sich mit "Ich", zu bezeichnen, wenn es sich auf sich bezieht. Es hat gelernt, sich in seiner Umwelt als eigenständiges Lebewesen zu begreifen. Diese Phase setzt bei sprechenden Kindern mit Autismusstörung sehr verspätet ein. Simon reagierte beim Rufen seines Namens oder beim Ansprechen nicht. Erst nach ca. einem halben Jahr intensiver Betreuung begann er zu sprechen und zu reagieren. In dieser Zeit sprach er noch von sich in einer objektiven Sprache: „Da ist ein Simon". Erst allmählich setzte die Differenzierung von Objekten und Subjekten bei ihm ein. Zwei Jahre später sprach er in der „Ich-Form".

[57] Vgl. Franz Brentano: Psychologie vom empirischen Standpunkte, Frankfurt 2008, Edmund Husserl: Logische Untersuchungen, Hamburg 2009

[58] Vgl. Edmund Husserl: Logische Untersuchungen, Hamburg 2009, Karen Gloy: Bewusstseinstheorien, Freiburg, München 2004, John R. Searle: Intentionalität, Frankfurt am Main 1991

[59] Edmund Husserl: Logische Untersuchungen, Hamburg 2009, S. 356

[60] Vgl. Karen Gloy: Bewusstseinstheorien, Freiburg, München 2004

[61] Vgl. Bernd Oberhoff; Psychoanalyse und Musik, Gießen 2002, Die seelische Wurzel der Musik, Gießen 2005

[62] Vgl. Christine Pahl, Hedwig Koch- Temming: Musiktherapie mit Kindern, Bern 2000. Diese Erfahrungen sind noch undifferenzierte Sinnes- und Erlebniseindrücke. Nach der Geburt ist die Stimme der Mutter das Bindeglied der vorgeburtlichen mit der nachgeburtliche Zeit. Der Säugling reagiert auf den rhythmischen Klang der Stimme der Mutter. In dieser Zeit und bevor er mit der Sprache beginnt, befindet er sich in einem triangulierten, dynamischen, dialektischen Zusammenspiel als eine Einheit mit seiner Mutter. In einem späteren Zeitpunkt seiner Entwicklung bewegt sich das Kind beim Rufen in Richtung Stimme der Mutter.

[63] Sebastian Leikert: Die Stimme, Psyche 2007, 61. Jg. 5, S. 470

[64] Thomas H. Ogden: Frühe Formen des Erlebens, Gießen 2006, S.12

[65] Vgl. Melanie Klein: Das Innenleben des Kleinkindes, Stuttgart 1983, Thomas H. Ogden: Frühe Formen des Erlebens, Gießen 2006. Er bezieht sich in seinem Buch auf M. Kleins Arbeiten über die Entwicklung der paranoid - schizoiden und depressiven Position und entwickelt eine dritte, die er als autistisch - berührende Position bezeichnet. Sie ist in der frühkindlichen Entwicklung vor den zwei anderen Positionen angesiedelt. Es entsteht eine Beziehungsstörung zwischen Kind, Bezugspersonen und Außenwelt. Bewegungsstereotypien wie das Hin- und Herschaukeln des Oberkörpers, das Hüpfen, Fächeln mit den Händen u. a. m. sind typische Erscheinungen. Eine Beziehungsstörung bedingt meistens auch eine Aktivitätsstörung des Kindes.

[66] Vgl. Dominik Perler: Theorie der Intentionalität im Mittelalter, Frankfurt am 2004. Er gibt einen Überblick über die Theorien der Intentionalität im Mittelalter.

[67] Franz Brentano: Psychologie vom empirischen Standpunkte, Frankfurt am Main 2008, S.95. Dort heißt es: "Die gesamte Welt unserer Erscheinungen zerfällt in zwei grosse Classen, in die der physischen und in die der psychischen Phänomene."

[68] Ibid., S.103: „Hiernach wären wir im Stande, die physischen Phänomene leicht und genau gegenüber den psychischen zu charakterisieren, indem wir sagten, sie seien diejenigen, welche ausgedehnt und räumlich erscheinen. Und auch die psychischen wären dann den physischen gegenüber mit derselben

Exactheit als diejenigen Phänomene zu bestimmen, welche keine Ausdehnung und örtliche Bestimmtheit zeigen".

[69] Ibid., S. 107: „ Diese intentionale Inexistenz ist den psychischen Phänomenen ausschließlich eigentümlich. Kein physisches Phänomen zeigt etwas Aehnliches".

[70] Ibid., S. 106. Franz Brentano verweist hier auf Aristoteles, wo das Empfundene als Empfundenes in dem Empfindenden sei. Der Sinn nehme das Empfundene ohne die Materie auf, das Gedachte sei in dem denkenden Verstand, in der Vorstellung sei etwas vorgestellt, im Urteil etwas anerkannt oder verworfen, im Hass etwas gehasst u.s.w.

[71] Vgl. Martin Heidegger: Einführung in die phänomenologische Forschung, Frankfurt am Main 1997, S. 29. Heidegger führt die Begriffe seines Lehrers klar wie folgt aus: „Das Grundstück der phänomenologischen Methode im Sinne der Rückführung des untersuchenden Blicks vom naiv erfassten Seienden zum Sein bezeichnen wir als phänomenologische Reduktion. Demnach ist für Husserl die phänomenologische Reduktion, die Methode der Rückführung des Blickes. ... von der natürlichen Einstellung des in die Welt der Dinge und Personen hineinlebenden Menschen auf das transzendentale Bewusstseinsleben und dessen noetisch- noematische Erlebnisse, in denen sich die Objekte als Bewusstseinskorrelate konstituieren. Für uns bedeutet die phänomenologische Reduktion die Rückführung des phänomenologischen Blickes von der wie immer bestimmten Erfassung des Seienden auf das Verstehen des Seins (Entwerfen auf die Weise seiner Unverborgenheit) dieses Seienden."

[72] Edmund Husserl: Logische Untersuchungen, Hamburg 2009, S.353. „Akte sollen die Erlebnisse des Bedeutens sein, und das Bedeutungsmässige im jeweiligen Einzelakt soll gerade im Akteerlebnis und nicht im Gegenstande liegen, und es soll in dem liegen, was ihn zu einem „intentionalen", auf Gegenstände „gerichteten" Erlebnis macht. Ebenso liegt das Wesen der erfüllenden Anschauung in gewissen Akten: Denken und Anschauen sollen als Akte verschieden sein." Unter dem Begriff „Gegenstand" versteht Husserl, dass einem logischen Subjekt ein Prädikat zugeschrieben wird. Hierzu auch Peter

Prechtl: Edmund Husserl zur Einführung, Hamburg 1998, Dan Zahavi: Husserls Phänomenologie, Tübingen 2003

[73] Vgl. Max Scheler: Wesen und Formen der Sympathie, Manfred Frings (Hrsg.), Bonn 2009

[74] Ibid., S. 20

[75] Ibid., S. 43

[76] Ibid., S.105

[77] Ibid., S.105

[78] Ibid., S.105

[79] Ibid., S.21

[80] Ibid., S. 44

[81] Ibid., S. 23- 24

[82] Ibid., S. 48

[83] Ibid., S. 24, siehe auch S.75. Scheler verweist darauf, dass: „Gerade das (echte) Mitgefühl ist weder Ansteckung noch Einsgefühl. Selbst im Miteinanderleiden <desselben> Unwertverhaltens und <derselben> Qualität des Gefühlszustandes – also in dem extremen Fall von Mitgefühl, in dem Nachfühlen und Mitgefühl noch ungeschieden sind – bleiben die Funktionen des <Fühlens von etwas> verschieden und ist das Verschiedenheitsbewusstsein ihres getrennten Ausgangspunktes von 2 oder 3 oder x individuellen Ichs her im Phänomen mitgegeben."

[84] Vgl., Angelika Krebs: Max Scheler über das Miteinanderfühlen, Allgemeine Zeitschrift für Philosophie, 2010, Jg. 35. 1., S.9- 44

[85] Vgl. Max Scheler: Wesen und Formen der Sympathie, Manfred Frings (Hrsg.), Bonn 2009, S.20

[86] Ibid., S. 20, S. 29 ff.

[87] Ibid., S.29

[88] Ibid., S.44 und S. 240

Literaturverzeichnis

Aarons, Maureen; Gittens, Tessa (2007): Das Handbuch des Autismus. Ein Ratgeber für Eltern und Fachleute. Weinheim und Basel: Beltz Taschenbuch Verlag

Andermann, Kerstin (2007): Spielräume der Erfahrung. Kritik transzendentalen Konstitution. München: Fink Verlag

Aristoteles (1995): Über die Seele. Hamburg: Felix Meiner Verlag

Attwood, Tony (2000): Das Asperger-Syndrom: Ein Ratgeber für Eltern. Stuttgart: Trias Verlag

Barz, Wolfgang (2004): Das Problem der Intensionalität. Paderborn: Mentis Verlag

Bauer, Joachim (2009, 14. Auflage): Warum ich fühle, was du fühlst. München: Wilhelm Heyne Verlag

Becker, Oskar (2008): Grundprobleme existenzialen Denkens. Stuttgart: Frommann-Holzboog Verlag

Bernard-Opitz, Vera (2005): Kinder mit Autismus-Spektrum-Störungen (ASS). Ein Praxishandbuch für Therapeuten, Eltern und Lehrer. Stuttgart: Verlag W. Kohlhammer

Bieri, Peter (Hrsg.) (2007, 4. Auflage): Analytische Philosophie des Geistes. Weinheim und Basel. Beltz Verlag

Bion, Wilfred R. (1962): Learning form Expericence. New York: Basic Books

Bion, Wilfred R. (1963). Elements of Psycho-Analysis. London. Heinemann Verlag

Blakeslee, Sandra; Blakeslee Matthew (2009): Der Geist im Körper. Das Ich und sein Raum. Heidelberg: Spektrum Akademischer Verlag

Bleuler, Eugen (1972, 12. Auflage): Lehrbuch der Psychiatrie. Berlin, Heidelberg; New York: Springer Verlag

Bollnow, Otto Friedrich (2009): Das Wesen der Stimmungen. Würzburg : Königshausen & Neumann Verlag

Bölte, Sven (Hrsg.) (2009): Autismus. Spektrum, Ursachen, Diagnostik, Intervention, Perspektiven. Bern: Hans Huber Verlag

Brandes, Lothar (1995): Die Erfindung des Bewußtseins. Glanz und Elend der Vorurteile. Neu-Isenburg: Angelika Lenz Verlag

Brosig, Burkhard; Gieler, Uwe (Hrsg.) (2004): Die Haut als psychische Hülle. Giesen: Psychosozial Verlag

Brüntrup, Godehard (2008): Das Leib-Seele-Problem. Eine Einführung. Stuttgart. Verlag W. Kohlhammer

Cavell, Marcia (1997): Freud und die analytische Philosophie des Geistes. Überlegungen zu einer psychoanalytischen Semantik. Stuttgart. Klett-Cotta Verlag

Damasio, Antonio R. (2007, 5. Auflage): Descartes´ Irrtum. Fühlen, Denken und das menschliche Gehirn. Berlin: List Taschenbuch Verlag

Damasio, Antonio R. (2000, 7. Auflage): Ich fühle also bin ich. Die Entschlüsselung des Bewusstseins, Berlin: List Taschenbuch Verlag

Dennett, Daniel C. (1994): Philosophie des menschlichen Bewusstseins. Hamburg: Hoffmann und Campe Verlag

Descartes, René (2009): Meditationen. Hamburg: Felix Meiner Verlag

Donald, Merlin (2001): Triumph des Bewusstseins. Die Evolution des menschlichen Geistes. Stuttgart: Klett-Cotta

Espinet, David (2009): Phänomenologie des Hörens. Eine Untersuchung im Ausgang von Martin Heidegger. Tübingen: Mohr Siebeck Verlag

Erazo, Natalia (1997): Entwicklung des Selbstempfindens. Verschmelzung, Identität und Wir-Erleben. Stuttgart, Berlin, Köln: Verlag W. Kohlhammer

Fischer, Burkhard (2005): Hören- Sehe-. Blicken- Zählen, Teilleistungen und ihre Störungen, Bern, Hans Huber Verlag

Francescato, Gioseppe (1973): Spracherwerb und Sprachkultur beim Kinde. Stuttgart: Ernst Klett Verlag

Gadamer, Hans-Georg (2000): Hermeneutische Entwürfe. Vorträge und Aufsätze. Tübingen. Mohr Siebeck Verlag

Gadamer, Hans-Georg (1993):Über die Verborgenheit der Gesundheit. Frankfurt am Main, Suhrkamp Verlag

Galliker, Mark (2009): Psychologie der Gefühle und Bedürfnisse. Theorien, Erfahrungen, Kompetenzen. Stuttgart: Verlag W. Kohlhammer

Georgiades, Thrasybulos G. (1985): Nennen und Erklingen. Göttingen: Vandenhoeck und Ruprecht Verlag

Gloy, Karen (2004): Bewußteinstheorien. Zur Problematik und Problemgeschichte des Bewußtseins und des Selbstbewußtseins. Freiburg, München: Karl Alber Verlag

Goldstein, E. Bruce (2008) Wahrnehmungspsychologie, Der Grundkurs, Berlin Heidelberg Springer Verlag

Green, Andre (2004): Die tote Mutter. Psychoanalytische Studie zu Lebensnarzissmus und Todesnarzissmus. Giesen: Psychosozial Verlag

Greenspan, Stanley I.; Shanker Stuart G. (2007): Der erste Gedanke. Frühkindliche Kommunikation und die Evolution menschlichen Denkens. Weinheim und Basel. Beltz Verlag

Hastedt, Heiner (2005): Gefühl. Philosophische Bemerkungen. Stuttgart: Philipp Reclam jun. Verlag

Heidegger, Martin (1975): Gesamtausgabe. II. Abteilung: Vorlesungen 1923-1944. Band 24. Die Grundprobleme der Phänomenologie. Frankfurt am Main: Vittorio Klostermann

Heidegger, Martin (1994): Gesamtausgabe. II. Abteilung: Vorlesungen 1919-1944. Band 17. Einführung in die phänomenologische Forschung. Frankfurt am Main: Vittorio Klostermann

Heidegger, Martin (1993, 17. Auflage): Sein und Zeit. Tübingen: Max Niemeyer Verlag

Heinrich, Dieter (2007): Denken und Selbstsein. Vorlesungen über Subjektivität. Frankfurt am Main: Suhrkamp Verlag

Hemilton, Anne; Sillem, Peter (Hrsg.) (2008): Die fünf Sinne. Von unserer Wahrnehmung der Welt. Frankfurt am Main: Fischer Taschenbuch Verlag

Hermann, Imre (1929). Das Ich und das Denken. Eine psychoanalytische Studie. Leipzig, Wien, Zürich: Internationaler Psychoanalytischer Verlag

Herrmann, Christoph S.; Pauen, Michael; Rieger, Jochem W.; Schicktanz, Silke (Hrsg.): Bewusstsein. Philosophie, Neurowissenschaften, Ethik. München. Wilhelm Fink Verlag

Höhne, Anette (2005): Eine Welt der Stille. Untersuchungen zur Erfahrungswelt Gehörloser als Ausgangspunkt für eine phänomenologischorientierte Gehörlosen-pädagogik. Phänomenologische Untersuchungen. München: Wilhelm Fink Verlag

Husserl, Edmund (2009): Logische Untersuchungen. Hamburg Felix Meiner Verlag

Husserl, Edmund (1995):Cartesianische Meditationen. Hamburg Felix Meiner Verlag

Husserl, Edmund (2003):Phänomenologische Psychologie. Hamburg Felix Meiner Verlag

Jahnke, Jürgen (1975): Interpersonale Wahrnehmung. Stuttgart, Berlin, Köln, Mainz: Verlag W. Kohlhammer

Jørgensen, Ole Sylvester (2007): Asperger: Syndrom zwischen Autismus und Normalität. Diagnostik und Heilungschancen. Weinheim und Basel: Beltz Taschenbuch Verlag

Kemmerling, Andreas (2005): Ideen des Ichs. Studien zu Descartes´Philosophie. Frankfurt am Main: Vittoria Klostermann Verlag

Klein, Melanie (1983): Das Seelenleben des Kleinkindes und andere Beiträge zur Psychoanalyse. Stuttgart: Klett-Cotta Verlag

Kliepera, Christian; Innerhofer, Paul (2002): Die Welt des frühkindlichen Autismus. München, Basel: Ernst Reinhardt Verlag

Koemeda-Lutz, Margit (2009): Intelligente Emotionalität. Vom Umgang mit unseren Gefühlen. Stuttgart. Verlag W. Kohlhammer

Lanz, Peter (1996): Das phänomenale Bewusstsein. Frankfurt am Main: Vittorio Klostermann Verlag

LeDoux, Joseph (2010. 5. Auflage): Das Netz der Gefühle. Wie Emotionen entstehen. München: Deutscher Taschenbuch Verlag

Loewald, Hans W. (1986): Psychoanalyse. Aufsätze aus den Jahren 1951-1979. Stuttgart: Klett-Cotta Verlag

Lotz, Christian (2005): Vom Leib zum Selbst. Kritische Analysen zu Husserl und Heidegger . Freiburg: Karl Albert Verlag

Lutz, Jakob (1981): Zum Verständnis des Autismus infantum als einer Ich-Bewusstseins-, Ich- Aktivitäts- und ich Einprägungsstörung. Sonderdruck aus: Der frühkindliche Autismus als Entwicklungsstörung. Erscheinungsformen und Hintergründe. Stuttgart: ohne Verlag

Mach, Ernst (2008): Die Analyse der Empfindungen und das Verhältnis des Physischen zum Psychischen. Neudruck der sechsten, vermehrten Auflage Jena 1911. Ernst- Mach – Studienausgabe. Berlin: ohne Verlag

Melle, Ullrich (1983): Das Wahrnehmungsproblem und seine Verwandlung in phänomenologischer Einstellung. Untersuchungen zu den phänomenologischen Wahrnehmungstheorien von Hussel, Gurwitsch und Merleau-Ponty. The Hague, Boston, Lancaster: Martinus Nijhoff Publishers

Menninghaus, Winfried (2002): Ekel. Theorie und Geschichte einer starken Empfindung. Frankfurt am Main: Suhrkamp Verlag

Metzinger, Thomas (2009): Der Ego Tunnel. Eine neue Philosophie des Selbst: Von der Hirnforschung zur Bewusstseinsethik. Berlin: Berlin Verlag

Metzinger, Thomas (Hrsg.) (2006): Grundkurs Philosophie des Geistes. Band 1und 2. Paderborn: Mentis Verlag

Meyer-Drawe, Käthe (2001): Leiblichkeit und Sozialität. Phänomenologische Beiträge zu einer pädagogischen Theorie der Inter-Subjektivität. München: Wilhelm Fink Verlag

Merleau-Ponty, Maurice (1966): Phänomenologie der Wahrnehmung. Berlin: Walter De Gruyter & Co.

Müller, Christoph (2007): Autismus und Wahrnehmung. Eine Welt aus Farben und Details. Marburg: Tectum Verlag

Müller, Christoph; Nußbeck, Susanne (2006): Informationsverarbeitung bei Kindern mit Autismus. Eine Studie zur zentralen Kohärenz mit Puzzelaufgabe. Hamburg: Verlag Dr. Kovac

Nissen, Bernd (Hrsg.) (2006): Autistische Phänomene in psychoanalytischen Behandlungen. Giesen: Psychosozial Verlag

Nussbaum, Martha C. (2002): Konstruktion der Liebe, des Begehrens und der Fürsorge. Drei philosophische Aufsätze. Leipzig: Reclam Verlag

O'Neill, Jasmine (2001): Autismus von Innen. Nachrichten aus einer vorborgenen Welt. Bern, Göttingen, Toronto, Seattle: Hans Huber Verlag

Oberhoff, Bernd (Hrsg.) (2005): Die seelischen Wurzeln der Musik. Psychoanalytische Erkundungen. Giesen: Psychosozial Verlag

Oberhoff, Bernd (Hrsg.) 2002: Psychoanalyse und Musik. Eine Bestandsaufnahme. Giesen: Psychosozial Verlag

Ogden, Thomas H. (2006): Frühe Formen des Erlebens. Giesen: Psychosozial Verlag

Penrose, Roger (1995): Schatten des Geistes. Heidelberg: Spektrum Akademischer Verlag

Pereler, Dominik (2004): Theorien der Intentionalität im Mittelalter, Frankfurt am Main Vitorio Klostermann Verlag

Pahl, Christine; Koch-Temming, Hedwig (Hrsg.) (2000): Musiktherapie mit Kindern. Grundlagen – Methoden – Praxisfelder. Bern: Hans Hubert Verlag

Platon (2007): Burghard König (Hrsg.): Sämtliche Werke, Band 3 Hamburg Rowohlts Taschen Buch Verlag

Prechtel, Peter (1998): Edmund Hussel zur Einführung. Hamburg: Junius Verlag

Remschmidt, Helmut (2000): Autismus. Erscheinungsformen, Ursachen, Hilfen. München: Verlag C.H. Beck

Ricoeur, Paul (1996): Das Selbst als ein Anderer. München: Wilhelm Fink Verlag

Roth, Gerhard (1997): Das Gehirn und seine Wirklichkeit. Kognitive Neurobiologie und ihre philosophischen Konsequenzen. Frankfurt am Main: Suhrkamp Verlag

Satre, Jean-Paul (2007): Der Existentialismus ist ein Humanismus und andere philosophischen Essays 1943-1948. Hamburg: Rowohlt Taschenbuch Verlag

Schapp, Wilhelm (1910): Beiträge zur Phänomenologie der Wahrnehmung. Frankfurt am Main: Vittorio Klostermann Verlag

Scheler, Max (2009): Wesen und Formen der Sympathie. Die deutsche Philosophie der Gewalt. Bonn: Bouvier Verlag

Schmitz, Hermann (2008): Leib und Gefühle. Materialien zu einer philosophischen Therpeutik. Bielefeld und Locarno: Edition Sirius

Schöffler, Heinz Herbert (1979): Die Akademie von Gondischapur. Aristoteles auf dem Weg in den Orient. Stuttgart: Verlag Freies Geistesleben

Schuster, Nicole (2007): Ein guter Tag ist ein Tag mit Wirsing. (M)ein Leben in Extremen: Das Asperger-Syndrom aus der Sicht einer Betroffenen. Berlin: Weidler Buchverlag

Schütz, Alfred (2004): Der sinnhafte Aufbau der Sozialen Welt. (o.O.): UVK Verlagsgesellschaft

Searle, John R. (1991): Intentionalität. Eine Abhandlung zur Philosophie des Geistes. Frankfurt am Main: Suhrkamp Verlag

Seewald, Jürgen (2000): Leib und Symbol. Ein sinnverstehender Zugang zur kindlichen Entwicklung. München: Wilhelm Fink Verlag

Sellin, Birger (1993): Ich will kein inmich mehr sein. Botschaften aus einem autistischen Kerker. Köln: Kiepenheuer & Witsch Verlag

Spät, Patrick (Hrsg.) (2008): Zur Zukunft der Philosophie des Geistes. Paderborn. Mentis Verlag

Stein, Edith (2004): Der Aufbau der menschlichen Person. Vorlesung zur philosophischen Anthropologie. Freiburg, Basel, Wien: Herder Verlag

Tammet, Daniel (2007, 4. Auflage): Elf ist freundlich und fünf ist laut. Düsseldorf: Patmos Verlag

Thomas, Egbert (2006): Der Weltbegriff in Heideggers Sein und Zeit. Kritik der „existenzialen" Weltbestimmung. o.O.: Europäischer Verlag der Wissenschaft

Tinbergen, Niko; Tinbergen Elisabeth A. (1984): Autismus bei Kindern. Fortschritte im Verständnis und neue Heilbehandlungen lassen hoffen. Berlin, Hamburg: Verlag Paul Parey

Tomasello, Michael (2006): Die kulturelle Entwicklung des menschlichen Denkens. Zur Evolution der Kognition. Frankfurt am Main: Suhrkamp Verlag

Tugendhat, Ernst (1979): Selbstbewusstsein und Selbstbestimmung. Sprachanalytische Interpretation. Frankfurt am Main: Suhrkamp Verlag

Tustin, Frances (1989): Autistische Zustände bei Kindern. Stuttgart: Klett-Cotta Verlag

Waldenfels, Bernhard (1983): Phänomenologie in Frankreich. Frankfurt am Main: Suhrkamp Verlag

Waldenfels Berhard (2000): Das leibliche Selbst. Vorlesungen zur Phänomenologie des Leibes. Frankfurt am Main: Suhrkamp Verlag

Weber, Doris (1970): Der frühkindliche Autismus unter dem Aspekt der Entwicklung. Bern, Stuttgart, Wien: Verlag Hans Huber

Wiesing, Lambert (2002): Philosophie der Wahrnehmung. Modelle und Reflexionen. Frankfurt am Main: Suhrkamp Verlag

Wiesing, Lambert (2009): Das Mich der Wahrnehmung. Eine Autopsie. Frankfurt am Main: Suhrkamp Verlag

Wing, John K.; Wendeler, Jürgen (Hrsg.) (1973): Der frühkindliche Autismus. Klinische, pädagogische und soziale Aspekte. Weinheim und Basel: Beltz Verlag

Winnicott, Donald Woods (2002): Reifungsprozesse und fördernde Umwelt. Giesen: Psychosozial Verlag

Wollheim, Richard (2001): Emotionen. Eine Philosophie der Gefühle. München: Verlag C.H. Beck

Volkan, Vamik D. (1978): Psychoanalyse der frühen Objektbeziehung. Zur psychoanalytischen Behandlung psychotischer, präpsychotischer und narzißtischer Störungen. Stuttgart: Klett-Cotta

Zahavi, Dan (2003): Husserls Phänomenologie. Tübingen: Mohr Siebeck Verlag

Zimmer, Renate (1995): Handbuch der Sinneswahrnehmung, Grundlagen einer ganzheitlichen Bildung und Erziehung, Freiburg im Breisgau Herder Verlag

Aus Zeitschriften

Asperger, Hans (1944): "Die autistischen Psychopathen im Kindesalter". In Archiv für Psychiatrie und Nervenkrankheiten 117. 73-136

Große, Jürgen (2007): Philosophie der Gefühle. In: Philosophische Rundschau. Eine Zeitschrift für philosophische Kritik. Band 54. Heft 3, S. 195-216

Hermann, Imre (1936): Sich-Anklammern-Auf-Suche-Gehen. In: Internationale Zeitschrift für Psychoanalyse. Band 22. Heft 3. 349-370

Spät, Patrick (2008): Enactivisim, leibhaftige Qualia und Panpsychismus. In: Allgemeine Zeitschrift für Philosophie. Im Auftrag der Deutschen für Philosophie e.V. (DGPhil). 237-262

Kanner, Leo (1943): "Autistic disturbances of affective contact". In: Nerv Child 2. 217-250

Krebs, Angelika (2010, 35.1): "Vater und Mutter stehen an der Leiche eines geliebten Kindes". Max Scheler über das Miteinanderfühlen. In: Allgemeine Zeitschrift für Philosophie. Im Auftrag der Deutschen für Philosophie e.V. (DGPhil), S. 9-45

Thies, Christian (2009): Anthropologie heute (1.Teil). Ein Literaturbericht. In: Philosophische Rundschau. Eine Zeitschrift für philosophische Kritik. Band 56. Heft 3. 183-210

Thies, Christian (2009): Anthropologie heute (2.Teil). Ein Literaturbericht. In: Philosophische Rundschau. Eine Zeitschrift für philosophische Kritik. Band 56. Heft 4. 296

Wing, Lorna (1969, 10): The handicaps of autistic children – a comparative study. In: Journal of Child Psychology and Psychiatry. 1-40

Wing, Lorna (1971): Perceptual and language devolopment in autistic children. A comparative study. In: Rutter, M. (Ed.). Infantile autism. Concepts, characteristics and treatment. London, Churchill

www.ingramcontent.com/pod-product-compliance
Lightning Source LLC
Chambersburg PA
CBHW070647300426
44111CB00013B/2304